本书为浙江省教育科学规划课题（2018SCG035）与学前教育课程建设

当代儒师培养书系·儿童教育和发展系列

主编　舒志定

CASE STUDIES IN KINDERGARTEN
ENVIRONMENT DESIGN

幼儿园环境创设
案例与分析

赵海燕　张益丽　王胤敏　徐朝康／著

ZHEJIANG UNIVERSITY PRESS
浙江大学出版社

图书在版编目(CIP)数据

幼儿园环境创设案例与分析 / 赵海燕等著. —杭州：
浙江大学出版社,2020.7(2022.8重印)
ISBN 978-7-308-19580-5

Ⅰ.①幼… Ⅱ.①赵… Ⅲ.①幼儿园-环境设计
Ⅳ.①G617

中国版本图书馆 CIP 数据核字(2019)第 205382 号

幼儿园环境创设案例与分析

赵海燕　张益丽　王胤敏　徐朝康　著

丛书策划	朱　玲
责任编辑	朱　辉
责任校对	丁沛岚　张振华
封面设计	春天书装
出版发行	浙江大学出版社
	（杭州市天目山路148号　邮政编码310007）
	（网址:http: / / www. zjupress. com）
排　　版	杭州朝曦图文设计有限公司
印　　刷	广东虎彩云印刷有限公司绍兴分公司
开　　本	787mm×1092mm　1/16
印　　张	12.25
字　　数	276千
版 印 次	2020年7月第1版　2022年8月第2次印刷
书　　号	ISBN 978-7-308-19580-5
定　　价	60.00元

作者简介

赵海燕,女,1977年2月生,湖南娄底人,民革党员,教育学博士。湖州师范学院教师教育学院教授,杭州师范大学硕士生导师,铜仁幼儿师范高等专科学校客座教授,浙江省中小学教师资格考试(面试)专家库成员。曾任遵义市幼儿教师优质课评选活动评委,参与《浙江省高校学前教育专业师范生教育实践实施指南(试行)》编制工作。现承担"学前教育课程""幼儿园课程设计""幼儿园园本课程开发""幼儿园美术教育""幼儿园社会教育""幼儿园班级管理"等课程的教学工作。2009—2014年指导遵义市幼儿园分享阅读园本课程建设,指导湖州市幼儿园教师发展学校建设工作。

从事学前教育课程、学前教育基本原理等方向的研究,主持完成浙江省哲学社会科学规划课题1项,浙江省教育科学规划课题、教育厅人文社会类课题等5项,其他市厅级、校级及横向研究课题多项,在《学前教育研究》等期刊发表研究论文10余篇。出版学术专著《学前教育民俗文化课程研究基础》《学前教育民俗文化课程理论与实践》,主编教材《学前儿童行为观察与分析》。

张益丽,女,1981年6月生,浙江湖州人,中共党员,中小学一级教师。曾获评湖州市教学明星,获湖州市春蚕奖,现任湖州市德清县新市镇士林中心幼儿园保教主任。主要以数学与美术领域教育为重点研究方向,曾荣获国家级、省级多种奖项;指导的幼儿作品曾刊登在《早期教育(美术版)》上;在《人民教育》《幼儿教育》上发表过多篇文章。主持的"农村幼儿园1+3优秀教研组创建与提升的探索研究""幼儿园园本化编织课程开发与利用的研究""优化'美术活动册'提升集中活动趣味性的实践研究"等课题曾荣获市级奖项。

当代儒师培养书系
总　序

　　把优秀传统文化融入教师教育全过程,培育有鲜明中国烙印的优秀教师,这是当前中国教师教育需要重视和解决的课题。湖州师范学院教师教育学院对此进行了探索与实践,以君子文化为引领,挖掘江南文化资源,提出培养当代儒师的教师教育目标,实践"育教师之四有素养、效圣贤之教育人生、展儒师之时代风范"的教师教育理念,体现教师培养中对传统文化的尊重,昭示教师教育中对文化立场的坚守。

　　能否坚持教师培养的中国立场,这应是评价教师教育工作是否合理的重要依据,我们把它称作教师教育的"文化依据"(文化合理性)。事实上,中国师范教育在发轫之时就强调教师教育的文化立场,确认传承传统文化是决定师范教育正当性的基本依据。

　　19世纪末20世纪初,清政府决定兴办师范教育,一项重要工作是选派学生留学日本和派遣教育考察团考察日本师范教育。1902年,朝廷讨论学务政策,张之洞就对张百熙说:"师范生宜赴东学习。师范生者不惟能晓普通学,必能晓为师范之法,训课方有进益。非派人赴日本考究观看学习不可。"[①]以1903年为例,该年4月至10月间,游日学生中的毕业生共有175人,其中读师范者71人,占40.6%。[②]但关键问题是要明确清政府决定向日本师范教育学习的目的是什么。无论是选派学生到日本学习师范教育,还是派遣教育考察团访日,目标都是拟定教育方针、教育宗旨。事实也是如此,派到日本的教育考察团就向清政府建议要推行"忠君、尊孔、尚公、尚武、尚实"的教育宗旨。这10个字的教育宗旨,有着鲜明的中国文化特征。尤其是把"忠君"与"尊孔"立于重要位置,这不仅要求把"修身伦理"作为教育工作的首要事务,而且要求教育坚守中国立场,是传统中国道统、政统、学统在现代学校教育的传承与延续。

　　当然,这一时期坚持师范教育的中国立场,目的是发挥教育的政治功能,为清政府巩固统治地位服务。只是,这些"学西方、开风气"的"现代性"工作的开展,并没有改变国家进一步衰落的现实。因此,清政府的"新学政策",引起了一批有识之士的反思、否定与批判,他们把"新学"问题归结为重视科技知识教育、轻视社会义理教育。早在1896年梁启超就在《学校总论》中批评同文馆、水师学堂、武备学堂、自强学堂等新式教育的问题是"言艺之事多,言政与教之事少",为此,他提出"改科举之制""办师范学堂""区分专门之业"三点建议,尤其是强调开办师范学堂的意义,否则"教习非人也"。[③]梁启超的观点得到军机大臣、总理衙门的认同与采纳,1898年颁布的《筹议京师大学堂章程》中就明确要求各省所设学堂不能缺少义理之教。"夫中学体也,西学用也,两者相需,缺一不可,体用不备,安能成

①田正平:《传统教育的现代转型》,浙江科学技术出版社2013年版,第376页。
②田正平:《传统教育的现代转型》,浙江科学技术出版社2013年版,第376页。
③梁启超:《饮冰室合集·文集之一》,中华书局1989年版,19—20页。

才。且既不讲义理，绝无根底，则浮慕西学，必无心得，只增习气。前者各学堂之不能成就人才，其弊皆由于此。"①很明显，这里要求学校处理好中学与西学、义理之学与技艺之学之间的关系，如果只重视其中一个方面，就难以实现使人成才的教育目标。

其实，要求学校处理好中学与西学、义理之学与技艺之学之间的关系，实质是对学校性质与教育功能的一种新认识，它突出学校传承社会文明的使命，把维护公共利益、实现公共价值确立为学校的价值取向。这里简要举两位教育家的观点以说明之。曾任中华民国教育部第一社会教育工作团团长的董渭川认为，国民学校是"文化中心"，"在大多数民众是文盲的社会里，文化水准既如此其低，而文化事业又如此贫乏，如果不赶紧在全国每一城乡都建立起大大小小的文化中心来，我们理想中的新国家到哪里去培植基础？"而这样的文化中心不可能凭空产生，"其数量最多、比较最普遍且最具教育功能者，舍国民学校当然找不出第二种设施。这便是非以国民学校为文化中心不可的理由"。②类似的认识，也是陶行知推行乡村教育思想与实践的出发点。他希望乡村教育对个人和乡村产生深刻的变革，使村民自食其力和村政工作自有、自治、自享，实现乡村学校是"中国改造乡村生活之唯一可能的中心"的目标。③

可见，坚守学校的文化立场，是中国教师教育的一项传统。要推进当前教师教育改革，依然需要坚持和传承这一教育传统。就如习近平总书记所说："办好中国的世界一流大学，必须有中国特色。……世界上不会有第二个哈佛、牛津、斯坦福、麻省理工、剑桥，但会有第一个北大、清华、浙大、复旦、南大等中国著名学府。我们要认真吸收世界上先进的办学治学经验，更要遵循教育规律，扎根中国大地办大学。"④扎根中国大地办大学，才能在人才培养中融入中国传统文化资源，培育具有家国情怀的优秀人才。

基于这样的考虑，我们提出把师范生培养成当代儒师，这符合中国国情与社会历史文化的发展要求。因为在中国百姓看来，"鸿儒""儒师"是对有文化、有德行的知识分子的尊称。当然，我们提出把师范生培养成当代"儒师"，不是要求师范生做一名类似孔乙己那样的"学究"（当然孔乙己可否称得上"儒师"也是一个问题，我们在此只是做一个不怎么恰当的比喻），而是着力挖掘历代鸿儒大师的优秀品质，将其作为师范生的学习资源与成长动力。

的确，传统中国社会"鸿儒""儒师"身上蕴含的可贵品质，依然闪耀着光芒，对当前教师品质的塑造具有指导价值。正如董渭川对民国初年广大乡村区域学校不能替代私塾原因的分析，其认为私塾的"教师"不仅要教育进私塾学习的儿童，更应成为"社会的"教师，教师地位特别高，"在大家心目中是一个应该极端崇敬的了不起的人物。家中遇有解决不了的问题，凡需要以学问、以文字、以道德人望解决的问题，一概请教于老师，于是乎这位老师真正成了全家的老师"⑤。这就是说，"教师"的作用不只是影响受教育的学生，更是影

---

①朱有瓛：《中国近代学制史料》第一辑（上册），华东师范大学出版社1983年版，第602页。

②董渭川：《董渭川教育文存》，人民教育出版社2007年版，第127页。

③顾明远、边守正：《陶行知选集》（第一卷），教育科学出版社2011年版，第230页。

④习近平：《青年要自觉践行社会主义核心价值观》，《中国青年报》2014年5月5日01版。

⑤董渭川：《董渭川教育文存》，人民教育出版社2007年版，第132页。

响一县一城的风气。所以,我们对师范生提出学习儒师的要求,目标就是要求师范生成长为师德高尚、人格健全、学养深厚的优秀教师,由此也明确了培育儒师的教育要求。

一是塑造师范生的师德和师品。要把师范生培养成合格教师,面向师范生开展师德教育、学科知识教育、教育教学技能教育、实习实践教育等教育活动。这其中,提高师范生的师德修养是第一要务。正如陶行知所说,教育的真谛是千教万教教人求真、千学万学学做真人,因此他要求自己是捧着一颗心来、不带半根草去。

当然,对师范生开展师德教育,关键是使师范生能够自觉地把高尚的师德目标内化成自己的思想意识和观念,内化成个体的素养,变成自身的自觉行为。一旦教师把师德要求在日常生活的为人处世中体现出来,就反映了教师的品质与品位,这就是我们要倡导的师范生的人品要求。追求高尚的人格,涵养优秀的人品,是优秀教育人才的共同特征。不论是古代的圣哲孔子,朱熹、王阳明等一代鸿儒,还是后来的陶行知、晏阳初、陈鹤琴等现当代教育名人,在他们一生的教育实践中,始终保持崇高的人生信仰,恪守职责,爱生爱教,展示为师者的人格力量,是师范生学习与效仿的榜样。倡导师范生向着儒师目标努力,旨在要求师范生学习历代教育前辈的教育精神,培育其从事教育事业的职业志向,提升其贡献教育事业的职业境界。

二是实现师范生的中国文化认同。历代教育圣贤,高度认同中国文化,坚守中国立场。在学校教育处于全球化、文化多元化的背景下,更要强调师范生的中国文化认同。强调这一点,不是反对吸收多元文化资源,而是强调教师要自觉成为优秀传统文化的传播者,这就要求把优秀传统文化融入教师培养过程中。这种融入,一方面是从中国优秀传统文化宝库中寻找教育资源,用中国优秀传统文化资源教育师范生,使师范生接触和了解中国优秀传统文化,领会中国社会倡导与坚守的核心价值观,增强文化自信;另一方面是使师范生掌握中国传统文化、社会发展历史的知识,具备和学生沟通、交流的意识和能力。

三是塑造师范生的实践情怀。从孔子到活跃在当代基础教育界的优秀教师,他们成为优秀教师的最基本特点,便是一生没有离开过三尺讲台、没有离开过学生,换言之,他们是在"教育实践"中获得成长的。这既是优秀教师成长规律的体现,又是优秀教师关怀实践、关怀学生的教育情怀的体现。而且优秀教师的这种教育情怀,出发点不是"精致利己",而是和教育报国、家国情怀密切联系在一起。特别是国家处于兴亡关键时期,一批批有识之士,虽手无寸铁,但是他们投身教育,或捐资办学,或开门授徒,以思想、观念、知识引领社会进步和国家强盛。比如浙江朴学大师孙诒让,作为清末参加科举考试的一介书生,看到中日甲午战争中清政府的无能,怀着"自强之原,莫先于兴学"的信念,回家乡捐资办学,首先办了瑞安算学馆,希望用现代科学拯救中国。

四是塑造师范生的教育性向。教育性向是师范生是否喜教、乐教、善教的个人特性的具体体现,是成为一名合格教师的最基本要求。教育工作是一项专业工作,这对教师的专业素养提出了严格要求。教师需要的专业素养,可以概括为很多条,说到底最基本的一条是教师能够和学生进行互动交流。因为教师的课堂教学工作,实质上就是和学生互动的实践过程。这既要求培养教师研究学生、认识学生、理解学生的能力,又要求培养教师对学生保持宽容的态度和人道的立场,成为纯净的、高尚的人,成为精神生活丰富的人,能够照亮学生心灵,促进学生的健康发展。

依据这四方面的要求,我们主张面向师范生开展培养儒师的教育实践,不是为了培养儒家意义上的"儒"师,而是要求师范生学习儒师的优秀品质,学习儒师的做人之德、育人之道、教人之方、成人之学,造就崇德、宽容、儒雅、端正、理智、进取的现代优秀教师。

做人之德。对德的认识、肯定与追求,在中国历代教育家身上体现得淋漓尽致。舍生取义,追求立德、立功、立言三不朽,这是传统知识分子的基本信念和人生价值取向。对当前教师来说,最值得学习的德之要素,是以仁义之心待人,以仁义之爱弘扬生命之价值。所以,要求师范生学习儒师、成为儒师,既要求师范生具有高尚的政治觉悟、思想修养、道德立场,又要求师范生具有宽厚的人道情怀,爱生如子,公道正派,实事求是,扬善惩恶。正如艾思奇所说,要"天性淳厚,从来不见他刻薄过人,也从来不见他用坏心眼考虑过人,他总是拿好心对人,以厚道待人"[1]。

育人之道。历代教育贤哲都认为教育是一种"人文之道""教化之道",也就是强调教育要重视塑造人的德行、品格,提升人的自我修养。孔子就告诫学生学习是"为己之学",意思是强调学习与个体自我完善的关系,并且强调个体的完善,不仅是要培育德行,而且是要丰富和完善人的精神世界。所以,孔子相信礼、乐、射、御、书、数等六艺课程是必要的,因为不论是乐,还是射、御,其目标不是让学生成为唱歌的人、射击的人、驾车的人,而是要从中领悟人的生存秘密,这就是追求人的和谐,包括人与周围世界的和谐、人自身的身心和谐,成为"自觉的人"。这个观点类似康德所言教育的目的是使人成为人。但是,康德认为理性是教育基础,教育目标是培育人的实践理性。尼采说得更加清楚,认为优秀教师是一位兼具艺术家、哲学家、救世圣贤等身份的文化建树者。[2]

教人之方。优秀教师不仅学有所长、学有所专,而且教人有方。这是说,教师既懂得教育教学的科学,又懂得教育教学的艺术,做到教育的科学性和艺术性的统一。中国古代圣贤推崇悟与体验,正如孔子所说,"三人行,必有我师焉",成为"我师"的前提,是"行"("三人行"),也就是说,只有在人与人的相互交往中,才能有值得学习的资源。可见,这里强调人的"学",依赖参与、感悟与体验。这样的观点在后儒那里,变成格物致良知的功夫,以此达成转识成智的教育目标。不论怎样理解与阐释先贤圣哲的观点,都必须肯定这些思想家的教人之方的人文立场是清晰的,这对破解当下科技理性主导教育的思路是有启示的,也能为解释互联网时代教师存在的意义找到理由。

成人之学。学习是促进人成长的基本因素。互联网为学习者提供了寻找、发现、传播信息的技术手段,但是,要指导学生成为一名成功的学习者,教师更需要保持强劲的学习动力,提升持续学习的能力。而学习价值观是影响和支配教师持续学习、努力学习的深层次因素。对此,联合国教科文组织在研究报告《反思教育:向"全球共同利益"的理念转变?》中明确指出教师对待"学习"应坚持的价值取向:教师需要接受培训,学会促进学习、理解多样性、做到包容、培养与他人共存的能力及保护和改善环境的能力;教师必须营造尊重他人和安全的课堂环境,鼓励自尊和自主,并且运用多种多样的教学和辅导策略;教

---

① 董标:《杜国庠:左翼文化运动的一位导师——以艾思奇为中心的考察》;刘正伟:《规训与书写:开放的教育史学》,浙江大学出版社2013年版,第209页。

② 李克寰:《尼采的教育哲学——论作为艺术的教育》,桂冠图书股份有限公司2011年版,第50页。

师必须与家长和社区进行有效的沟通；教师应与其他教师开展团队合作，维护学校的整体利益；教师应了解自己的学生及其家庭，并能够根据学生的具体情况施教；教师应能够选择适当的教学内容，并有效地利用这些内容来培养学生的能力；教师应运用技术和其他材料，以此作为促进学习的工具。联合国教科文组织的报告强调教师要促进学习，加强与家长和社区、团队的沟通及合作。其实，称得上是儒师的中国学者，都十分重视学习以及学习的意义。《礼记·学记》中说"玉不琢，不成器；人不学，不知道"；孔子也说自己是"十有五而志于学"，要求"学以载道"；孟子更说得明白，"得天下英才而教育之"是值得快乐的事。可见，对古代贤者来说，"学习"不仅仅是为掌握一些知识，获得某种职业，而是为了"寻道""传道""解惑"，为了明确人生方向。所以，倡导师范生学习儒师、成为儒师，目的是使师范生认真思考优秀学者关于学习与人生关系的态度和立场，唤醒心中的学习动机。

基于上述思考，我们把做人之德、育人之道、教人之方、成人之学确定为儒师教育的重点领域，为师范生成为合格乃至优秀教师标明方向。为此，我们积极推动优秀传统文化融入教师教育的实践，取得了阶段性成果。一是开展"君子之风"教育和文明修身活动，提出了"育教师之四有素养、效圣贤之教育人生、展儒师之时代风范"的教师教育理念，为师范文化注入新的内涵。二是立足湖州文脉精华，挖掘区域文化资源，推进校本课程开发，例如"君子礼仪和大学生形象塑造""跟孔子学做教师"等课程已建成校、院两级核心课程，成为优秀传统文化融入教师教育的有效载体。三是把社区教育作为优秀传统文化融入教师教育的重要渠道，建立"青柚空间""三点半学堂"等师范生服务社区平台，这些平台成为师范生传播优秀传统文化和收获丰富、多样的社区教育资源的重要渠道。四是重视推动有助于优秀传统文化融入教师教育的社团建设工作，例如建立胡瑗教育思想研究社团，聘任教育史专业教师担任社团指导教师，使师范生在参加专业的社团活动中获得成长。这些工作的深入开展，对向师范生开展优秀传统文化教育产生了积极作用，成为师范生认识国情、认识历史、认识社会的重要举措。而此次组织出版的"当代儒师培养书系"，正是学院教师对优秀教师培养实践理论探索的汇集，也是浙江省卓越教师培养协同创新中心浙北分中心、浙江省重点建设教师培养基地、浙江省高校"十三五"优势专业(小学教育)、湖州市重点学科(教育学)、湖州市人文社科研究基地(农村教育)、湖州师范学院重点学科(教育学)的研究成果。我们相信，该书系的出版，将有助于促进学院全面深化教师教育改革，进一步提升教师教育质量。我们更相信，把优秀传统文化融入教师培养全过程，构建先进的、富有中国烙印的教师教育文化，是历史和时代赋予教师教育机构的艰巨任务和光荣使命，值得教师教育机构持续探索、创新有为。

舒志定

2018年1月30日于湖州师范学院

前　言

　　《墨子·所染》记载："子墨子见染丝者而叹曰：染于苍则苍，染于黄则黄。所入者变，其色亦变。五入必，而已则为五色矣。故染不可不慎也！"关于环境与教育的关系的论述，古已有之。而且，众所周知，幼儿年龄越小，对环境的依赖性越大。幼儿园环境是幼儿在园期间赖以学习生活的基本条件，是幼儿身心发展所依赖的一切物质和精神条件的总和，对幼儿的发展有着无可替代、不可估量的重大影响。

　　本书主要以幼儿园环境中的物质环境为研究对象，对位于全国不同地区的幼儿园的环境进行翔实记录和研究。这些幼儿园位于上海、杭州、广州、深圳、珠海、重庆、成都、湖州等地，所涉及的地域较广，且所选幼儿园在当地具有较强的代表性，能够为幼儿园教师在环境创设方面提供一定的范例，同时也为进行环境研究的同仁提供一点借鉴。由于学识有限，研究中不可避免地存在一些不足之处，万望原宥！

　　全书共分为五章：第一章"幼儿园环境创设的原则与策略"，主要涉及幼儿园环境创设的安全性原则、教育性原则、参与性原则、经济性原则、发展性原则、操作性原则、开放性原则、丰富性原则，以及讨论策略、探索策略、操作策略、评价策略等内容；第二章"幼儿园活动室主题环境创设案例与分析"，主要涉及幼儿园活动室主题墙的主题选择与环境创设、区角的主题选择与环境创设、区角材料投放等内容；第三章"幼儿园管理环境创设案例与分析"，主要涉及幼儿园活动区管理环境创设、幼儿园活动室管理环境创设、幼儿园其他区域管理环境创设、幼儿园班级学习管理环境创设等内容；第四章"幼儿园室内其他区域环境创设案例与分析"，主要涉及幼儿园编织活动室环境创设、幼儿园创意美术室环境创设、幼儿园剪纸活动室环境创设、幼儿园科学发现室环境创设、幼儿园木工活动室环境创设、幼儿园室内游戏区环境创设、幼儿园纸塑活动室环境创设、幼儿园图书室环境创设、幼儿园午睡室环境创设、幼儿园盥洗室环境创设、幼儿园楼梯环境创设、幼儿园走廊环境创设等内容；第五章"幼儿园户外环境创设案例与分析"，主要涉及户外环境创设中的大型玩具、攀爬区、骑行区、沙水区、饲养区、种植园区、综合运动拓展、涂鸦区、角色扮演游戏区、野战游戏区、音乐游戏表演区、休闲区等内容。

　　本书由湖州师范学院赵海燕老师统筹安排，湖州市德清县新市镇士林中心幼儿园张益丽老师及其团队、重庆市江津区几江幼儿园王胤敏老师、重庆市江津区教育委员会徐朝康老师等共同参与。其中，徐朝康负责第一章，王胤敏负责第二章，赵海燕负责第三章、附录，张益丽等负责第四章、第五章，最后由赵海燕负责全书的统稿、调整、校对。

赵海燕

2019 年 5 月 17 日

目 录

第五章　幼儿园户外环境创设案例与分析

附　录

第一章

幼儿园环境创设的原则与策略

幼儿园环境是幼儿在幼儿园内身心发展所依赖的一切物质和精神条件的总和,为幼儿在园生活提供基础条件。幼儿园环境是幼儿园重要的隐性课程,在幼儿年龄小、非常容易受环境影响的情况下,其在幼儿园教育中具有对幼儿发展十分重要且无可替代的重要价值。

幼儿园环境创设的原则

（一）安全性原则

由于幼儿年龄小,缺乏必要的知识和经验,生活能力和自我保护能力都较差,所以在进行环境创设时要把安全放在第一位。安全的环境是幼儿发展的必备条件。只有在一个安全的环境中,幼儿的身体和心理处于舒适状态,他们的身心健康和谐发展才能得到保证,才能够快乐地学习和成长。安全是指幼儿身体、心理及社会性发展等方面处于没有危险隐患的舒适状态。安全性原则包括两方面,身体的安全和心理的安全,即在幼儿园环境中不让幼儿遭受任何身体和心理的伤害,这是幼儿园环境创设的最基本原则。

身体的安全主要指的是避免外界物质对幼儿身体造成伤害。一是幼儿园园舍建筑、设施设备、活动场地、玩教具等有形物质本身的安全,其建设和制作必须符合国家颁布的相关安全标准和卫生标准。如废旧物品制作的玩具是否会对幼儿造成伤害;安排的场地空间是否合理,它们之间是否会互相干扰;所种的花草是否既漂亮,又无毒、无危险,像仙人球之类的植物就不宜在幼儿园种植;等等。二是幼儿园园舍建筑、设施设备、活动场地、玩教具等有形物质使用上的安全,如电线的装修与安检必须到位,使用电器、开关、插座等要注意安全;防护装置应符合安全要求;一些易碎品,像玻璃制品等不可充当挂饰或吊饰;一些危险物品或具有潜在危害的物品像消毒液、清洁剂等,应放在幼儿触及不到的地方;使用尖锐的、细小的材料时一定要注意安全,这些都有潜在的危险;玩具要经常清洗,保持整洁;活动室、寝室等都要定期进行通风、消毒、安检;等等。

心理的安全主要指拥有良好的师幼关系、同伴关系以及合理的一日生活等。如幼儿能深切地感受到教师是很关心和爱护自己的,班级同学是欢迎和接受自己的,能在幼儿园得到大家的尊重,幼儿园环境氛围是自己喜欢的,像在家里一样温暖。

1. 关注幼儿的身体安全

保障幼儿身体安全的基础是要创设规范的物质环境。幼儿园物质环境主要是指幼儿园内影响幼儿身心发展的各种物化形态,包括园舍建筑、设施设备、活动场地、活动器材、教具玩具、图书资料、空间布局与装饰、绿化与美化等。

（1）严格按照现行的国家相关规定建设幼儿园

幼儿园的选址、园舍建筑标准（如建筑楼高、楼梯踏步规格等）、活动场地面积、相应的设施设备（如教具玩具的种类、数量和规格）等，都应按照国家相关规定进行规范布局和合理配置。

（2）加强幼儿园安全管理

明确幼儿园安全责任。如果幼儿园存在教职员工缺乏安全知识、安全观念淡薄、操作顺序混乱，规章制度不健全，管理职责不明确，不重视安全教育等问题，那么各种意外事故都有可能发生，会直接导致幼儿身心受损。因此，幼儿园应加强安全意识教育和安全责任管理，全体教职员工要时时、处处把安全工作放在首位。

（3）定期排查并及时消除幼儿园安全隐患

幼儿园房舍、场地及设施设备要进行定期检修。应避免用具及活动材料有尖角，电源开关和插头应安装在幼儿够不着或不容易接触的地方并且加上防护罩等；应关注活动场地的地面是否平整及硬软地面结合是否适宜，环境空间是否令人压抑，环境布局是否会让幼儿活动互相干扰等，如楼梯台阶不宜装饰得过于繁杂，否则会分散幼儿的注意力，影响幼儿正常上下楼梯，甚至造成拥堵、踩踏事故；应注意物品摆放的位置是否合适，操作材料是否容易对幼儿造成伤害等，如操作材料不宜过小，以免幼儿放入口、耳、鼻内。

（4）坚持开展安全教育活动

幼儿园要定期培训教职员工，提高其安全意识及能力。教师应结合各项活动，教育幼儿不要接近危险的地方，如电插座、电线等；同时还应加强安全演练等，提高幼儿的自我保护意识和能力，将安全教育活动常态化。

玻璃门

某幼儿园新建，其中连通走廊与办公室的门是落地式透明玻璃门。平时为了教师进出方便，玻璃门基本是开着的。一天傍晚，上日班的老师离开办公室时顺手关上了玻璃门。办公室边上有一个全托班，幼儿在走廊上自由活动、追逐嬉戏时，一位小朋友朝落地透明玻璃门冲去。玻璃门被撞破，而这个小朋友脸部有多处被玻璃划破，尽管无生命危险，但留下许多疤痕。

2. 关注幼儿的心理安全

有两所设备和食品质量完全相同的甲园和乙园，但是调查人员发现这两所幼儿园的孩子在身心健康方面存在很大的差距。调查人员认真调查分析之后，终于找到了原因。原来，甲园保育员态度和蔼，富有爱心，在幼儿吃饭时总是以微笑对待和帮助幼儿，而乙园保育员则对幼儿缺乏耐心和爱心，每逢进食就训斥幼儿，致使幼儿一到进食时就害怕、流泪，甚至小便失禁，进餐时情绪低落，严重影响了幼儿的食欲及消化吸收，最终对幼儿身心健康产生不利的影响。

这是一个因不良精神环境造成幼儿身心健康受到极大损害的典型事例。生活在温暖、有爱氛围中的幼儿，容易形成积极的个性特征，掌握良好的交往技能，养成良好的行为习惯，形成良好的个性心理品质。

关注幼儿的心理安全首先要创设良好的精神环境，幼儿园精神环境主要指由人际关系、文化观念等无形因素交织在一起而形成的心理氛围。幼儿园人际关系包括师幼关系、幼幼关系、同事关系、家园关系等，师幼关系、幼幼关系又是幼儿在园中最主要的两种人际关系，平等的师幼关系、友好合作的幼幼关系是幼儿身心健康发展的关键，而其中的重点又在教师。

（1）教师应树立正确的教育观念

教师应拥有正确的儿童观、教育观、课程观，稳定的心理素质，积极的情感态度以及不断发展的专业能力，才可能为幼儿营造一个宽松、和谐、民主，能激发幼儿学习兴趣，鼓励幼儿主动探索、想象、创造的良好精神环境。

（2）教师要创设尊重幼儿的精神环境

尊重幼儿是历史悠久的教育命题，更是深入人心的教育理念。苏格拉底、亚里士多德、卢梭、蒙台梭利、杜威、陈鹤琴、陶行知等，都将尊重幼儿作为一切教育的根本和依据。尊重幼儿就是在幼儿发展的各个方面给予重视并认真对待。教师应尊重幼儿的生理特点、心理特点和个性特点，尊重幼儿的原有经验、情绪情感表达方式等。

①尊重幼儿的经验

"儿童是成人之师"的观点，不仅让我们明白幼儿生活中蕴含着人生的真谛，例如求真、好奇、创造等品质，我们应向幼儿学习，同时也提醒我们，随着新的信息技术革命的到来，每个人获取信息的渠道是多元的，教师不是知识的唯一权威，幼儿在某些领域掌握的知识并不比教师少。因此，教师应抛去成人的优越感，虚心向幼儿学习，尊重幼儿的经验，聆听幼儿的声音。

②尊重幼儿情绪情感的表达方式

幼儿有着丰富的情感世界，但由于语言能力还不发达，往往难以准确地表达出他们的内心感受，有时会通过激烈的情绪表现出来。作为教师，首先要尊重幼儿的情绪表达，帮助幼儿适当宣泄消极的情绪，这是幼儿心理健康的保障。其次要深入了解幼儿的内心，为幼儿做好情绪的疏导，帮助幼儿把消极的情绪转化为积极的情绪。尊重幼儿的情感，还要尊重幼儿的友情，帮助幼儿建立积极的同伴关系。这样不仅有利于幼儿心理健康，同时也有利于幼儿合作、分享等社会性的发展。

当然，在实践中也要注意避免对尊重的误解。尊重不等于遵从、迁就，凡是幼儿的需求就一味地赞同，对幼儿的不合理行为也"千依百顺"。这样的做法不是尊重，而是放任，事实上是忽视幼儿发展的行为。

（3）教师要创设关注幼儿的精神环境

幼儿特别喜欢被人关注，为得到关注甚至不惜挨批评。有些幼儿喜欢搞恶作剧，究其原因很大程度上是为了引起老师和其他小朋友的注意。在这些幼儿看来，即使挨批评也要引起大家的注意。而批评也是教师对幼儿的一种关注，但这是一种消极的关注，对幼儿心理健康发展是不利的。积极的关注则不然，"皮格马利翁效应"就是积极关注所产生的神奇效果。

①多关注"过程"

如在幼儿园的科学活动"让纸屑飞起来"中,教师往往先引导幼儿观察教师预先准备的塑胶棒、纸屑等材料,然后引导幼儿了解其名称、用途,并进行示范,最后才放手让幼儿进行操作,对无法操作的幼儿就手把手地"教"。这种情况下,大多数教师关注的是幼儿能否在本次活动中让纸屑飞起来这一结果,而相对忽视了幼儿的探究过程,更没有意识到应培养幼儿主动学习的习惯。

②多关注"每位幼儿"

幼儿教师的工作是繁重的,压力是巨大的,因此往往只关注少数幼儿。一方面,会关注那些"听话""乖巧"的孩子,且总是实施积极关注;另一方面,会关注那些"顽皮""有问题"的孩子,以管理好班级,对这类孩子易实施严格的消极关注。而大多数幼儿则是被教师忽视的。因此,教师要对每一个幼儿自觉地进行积极的关注。

教师应注意到每一个幼儿在幼儿园一日活动中各个环节的表现,发展、变化的过程和结果,并及时提供必要的、积极的帮助,用适当的眼神、微笑、拥抱、问候、交谈等方式来传递对幼儿的爱和关心,是建立良好师幼关系的基础。

(4)教师要创设接纳幼儿的精神环境

教师应以接纳包容的情怀来真诚对待每一个幼儿,应正视幼儿的个体差异及其行为表现,对幼儿多一些肯定、信任、支持、鼓励。

①接纳幼儿的天性

教师除了提供各种材料以支持幼儿的活动需要外,更重要的是对幼儿在操作材料开展活动的过程中表现出来的天性,如好奇、探索、想象、创造等,应采取积极的态度和行为给予回应。如对幼儿间因好奇等产生的矛盾冲突,可适当"冷处理";对因探索成功而情绪高涨的幼儿,可搭建"学习支架"让其与其他幼儿进行分享;对因愿望未实现而情绪低落的幼儿,可提供"宣泄场"等,从而让其获得有益的支持。

②接纳幼儿的"自由"

教师应为幼儿营造宽松自由的氛围,引导幼儿自主学习和自我管理,以激发幼儿的创造潜能,在活动中真正做到让幼儿有自主选择权。当然,自由是相对的,教师要在自由的环境中扮演陪伴者、支持者、观察者等角色。如对幼儿在自由环境中产生的创新表现等,要及时给予积极回应,让幼儿感受到自己的成功,从而更好地树立自信,进而得到更大程度的发展。

事 例

我们正在进行有关"太阳"的学习,就在我总结太阳形状的时候,一只小手高高举了起来,是明明——一个喜欢发言却又词不达意、经常会制造点麻烦的孩子。我皱了皱眉,有点无奈地请他站起来说。他结结巴巴地讲:"老师,太阳不是圆的。"其他小朋友一听,都哈哈大笑起来,说:"我们天天都看到太阳,太阳怎么可能不是圆的呢?"可是明明涨红了脸,固执地坚持:"真的,太阳真的不是圆的,我和爸爸一起在电视里看到的。"我不假思索地说："那你证明给我们看好吗?"第二天,明明拿来一本厚厚的书,对我说,他回家和爸爸一起查了资料,并指着书中用铅笔画出的句子让我看："太阳的光球是我们肉眼能见的部分,其实光球并不如我们肉眼所见的那样是圆形,它的形状是不规则的多边形。"看来我确实错了。

(二)教育性原则

幼儿园环境是幼儿园课程的重要组成部分,是实现幼儿园教育目标,促进幼儿全面发展的途径与手段。幼儿园的环境创设,不是为美化而美化,各项装饰都要围绕幼儿园总的教育教学任务来进行。各年龄班的装饰要结合各年龄班的教育特点和内容,要让每一块墙壁都变成一个"不说话的老师",通过具体生动的形象告诉孩子应该学什么、做什么,分清美丑,体现教育性。

教育性原则是指幼儿园环境要为幼儿教育服务,环境创设应有明确的教育目的,应在国家教育方针和幼儿园办园理念的指引下,有目的、有计划地针对幼儿身心发展特点来进行;环境中的所有设施和材料,都应有合理的设计和配置,要充分发挥幼儿园环境的教育功能,以达到促进幼儿和谐发展的目的,达到寓教育于无声处,同时还应该使环境能够引发幼儿思考,培养幼儿的思维力和主动探索的能力。

陈鹤琴先生认为："怎样的环境,就得到怎样的刺激,得到怎样的印象。"可见,幼儿对事物的认识,大部分都是通过环境潜移默化的影响而获得的,具有教育意义的环境是幼儿学习的中介和桥梁,幼儿是在与环境的互动中逐步发展的。教师要让环境"会说话",尽可能使环境真正与幼儿互动。以传统节日的环境创设为例。在物质环境中,挖掘节日中的教育内涵,呈现在互动墙上。上下半年各遴选四个、全年共八个幼儿熟悉的、重要的节日——春节、元宵节、清明节、端午节、七夕节、中秋节、重阳节、腊八节,挖掘出这些节日重要的教育元素,分别将节日来源、节日风俗、节日的食物等方面以图片的形式呈现出来,鼓励幼儿与之亲密互动。在精神环境中,幼儿园以节日主题为教育契机,梳理各大节日中适宜幼儿园教育的传统和核心元素,再与幼儿的学习方式相结合生成节日主题活动,形成节日氛围,创造传统节日环境,让幼儿积极参与到节日活动中,在无形中接受传统节日文化的教育。每个传统节日都有相应的主题活动,例如:元宵节是猜灯谜、舞龙;端午节是包粽子、划龙舟;中秋节是打糍粑、做月饼;等等。

1. 环境创设应契合幼儿园教育目标

环境创设要与国家教育方针和幼儿园办园理念相结合,在具体实践中,制订学期、月、周、日及每一个活动计划时,教育目标应明确。为了实现这些目标,需要有怎样的环境与之配合? 现有的环境因素中,哪些因素对教育目标的实现有帮助? 如何加以利用? 应将这些事项列入教育教学计划中,并积极实施。如小班,我们的教育目标是培养幼儿热爱幼儿园、老师、同伴、父母,培养幼儿良好的生活卫生习惯,我们的环境创设就根据这几个主题,设计各个墙面。小班下学期进行阅读活动研究,目标是让幼儿认识封面,培养阅读习惯,懂得几种简单标记和商标的意思,我们的墙面就有多彩的封面、商标树、标志房等。

2. 了解知识经验，找到教育原型

所谓教育原型就是幼儿已有认知结构的图式，环境中的教育应以幼儿已有经验和认知结构为基础，如果脱离了则不可能形成有意义的教育。因此，这就要求教师在创设环境过程中了解幼儿已有的知识经验，找到幼儿兴趣的发散点和教育原型。例如，幼儿在生活中已经有关于"节日"的经验了，并对其很感兴趣，那么，"节日"就可以作为一种教育原型。以我国传统节日为例，节日庆祝是传递民族文化、传达民族感情非常重要的载体，传统节日里包含许多民俗文化和传统价值观，对于培养幼儿的乡土认同、民族认同乃至国家认同，都具有积极意义。如培养幼儿的亲情观念的节日就包括春节、元宵节、中秋节等，通过这些节日让幼儿了解"家"的意义，体会"家人"的情感。

3. 设置问题情境，引发幼儿思考

幼儿园的环境应当是能够引发幼儿的思考，引导幼儿正确理解、接受已有的知识，发展幼儿的联想—演绎的能力，提高幼儿的认识水平。要设置不同的问题情境，这些问题情境具有多种可能，这样才能引起幼儿的多种思考。例如，可以带给幼儿一系列思考——"你最喜欢的节日是什么？节日中要做些什么？你还知道哪些节日？这些节日都有什么习俗？"等等，这些问题情境的设置会促使幼儿不断地思考和探究。

（三）参与性原则

参与性原则是指在环境创设中应重视幼儿作为学习发展的主体参与其中，强调环境创设是师幼共同参与的过程。要发挥环境创设促进幼儿身心发展的作用只有充分调动幼儿的主观能动性，使其积极地动手操作，获得真实感受，才能确有实效。幼儿作为学习的主体，其真正参与环境创设获得实际体验的作用远胜于教师创设的现成环境对其产生的影响。实践证明，幼儿参与的环境布置对其自身存在巨大的吸引力，在环境创设过程中，他们不仅可以全身心投入，还可以体验成功的喜悦，同时，幼儿的责任感、自信心、成就感等良好的心理品质也得以逐步形成。如大班节气活动"冬至怎么过"环境创设中，让幼儿充分参与班级环境创设的每一个环节，包括构思、设计、制作。首先在构思设计时让幼儿充分讨论，然后师生共同确立不同的主题"煮羊肉汤锅""腌萝卜""设计九九消寒图"等，最后一起动手制作和布置，生成了一系列的经验。在这一过程中，幼儿全身心参与和投入，不仅分享了成功的喜悦，而且对自己的劳动成果备感亲切和珍惜，从而也很自然地达到了受其影响的目的。

1. 树立正确的儿童观、教育观和环境观

成人，尤其是幼儿园教师应摒弃"幼儿越帮越忙"的思想，要明确幼儿的参与是他们的权利。幼儿是幼儿园环境的主人，他们对环境创设具有发言权和自主权，能够通过参与环境创设而获得多方面发展。例如，幼儿园在门厅、走廊和教室悬挂或张贴的物品如果都是现成的，一般很难激发幼儿的兴趣或使幼儿与之产生互动，导致教师们空费心思，浪费财力和物力。教师应转变观念，重视幼儿的想法，与幼儿一起讨论、制作和展示这些物品，并把他们的成果巧妙地组合在一个环境整体中。例如，走廊上挂着的相框，是幼儿剪、贴、画的作品；门厅展示的仿古陶罐，是幼儿用揉碎的枯树叶加糨糊做成的；等等。环境中随处有幼儿参与的痕迹，幼儿更能产生强烈的成就感和归属感。

2. 激发幼儿参与环境布置的兴趣

兴趣是幼儿参与活动的原动力。教师应丰富幼儿的生活经验,指导幼儿把经验运用于环境布置中,使其在活动中体验成功。幼儿获得的成功体验越多,他们对参与环境布置的兴趣就越强。例如,在"迎新春"主题活动中,教师先是运用多种方式激发幼儿迎新年的情感,然后共同回忆过新年的经历,再组织幼儿共同布置"迎春美景"。在教师的指导下,幼儿动手剪树叶、搓柳条,制作桃花、迎春花、五颜六色的新年贺卡,以及用橡皮泥、糖纸做成各色糖果等。"树"上挂满了幼儿制作的新年礼物,尽管显得粗糙、稚拙,但是凝聚了幼儿的纯真心愿和艺术创造,他们乐此不疲、兴趣盎然,"迎新春"的环境氛围也由于真正有了幼儿的参与而更显生动。

3. 为幼儿提供参与环境创设的机会

不同年龄阶段的幼儿参与环境布置活动的程度可以不同,但每个年龄段的幼儿均应得到参与环境创设的机会。例如,对于小班幼儿,教师可以多提供一些成品材料,让他们直接把材料呈现在相应的地方;对于中班幼儿,教师可以多提供一些半成品或替代品,让幼儿先对其进行加工改造制成成品,再进行环境布置;对于大班幼儿,教师的指导应更具开放性,可以先让他们了解哪些物品可以成为环境布置的材料,它们在环境布置中能起什么作用,然后让幼儿按自己的意愿和设计进行环境布置。

4. 正确评价幼儿参与环境创设的行为和结果

教师不应是"检查者"或"裁判员",而应是"合作者"和"欣赏者"等角色。教师不仅要关注东西是否乱了、玩具是否掉了、幼儿是否发生矛盾了等方面,还要关注幼儿在环境创设中的探究和操作过程、幼儿的需求和发展水平等,从而引导幼儿的发展向更高层次递进。

美工区域活动墙面——名画欣赏的创设

在幼儿园美术活动中,对于名画的欣赏是不可或缺的一部分。怎样让名画的欣赏不仅仅停留在一次活动中?创设一个关于名画欣赏的主题墙就很有必要了。仅结合毕加索的名画欣赏提供一个关于创设美工区活动墙面的思路。

缘起:最近和孩子们一起在网上收集幼儿容易看懂与理解的毕加索的作品,如《沙滩上的棒球运动员》《老吉他手》等,呈现在了美工区。孩子们在区域活动时自己去发现、欣赏,体会自己看见作品的感受,并将自己的想法大胆地表述出来。

跟进:这是孩子们在欣赏了毕加索名画《老吉他手》后进行的自我创作。第一个孩子正在创作的是刮特大风,老人的家被吹坏,树被吹倒,所以他很伤心难过,一副无助的神情;第二个孩子用黑色来表现出老人伤心难过的心情;第三个孩子画的则是老人的家人遇上了车祸,所以老人很悲痛……

呈现:将孩子自己的作品呈现在"我会画"的活动区墙面上,孩子们可以在任何时间或单独去欣赏自己或他人的作品,或和同伴一起交流互动,以激发他们继续创作的欲望。

（四）经济性原则

若将环境创设过程视为"投入"，包括人力、物力、财力、时间和精力等资源，那么其发挥的作用可视为"产出"，而经济性原则就是指要以最小的投入换取最大的产出，创设低成本高质量的环境——当然这里的低成本和高质量都是相对的——以此实现其教育功能的最大化。经济性原则是指幼儿园环境创设应考虑不同地区、不同条件园所的实际情况，做到因地制宜，不攀比。幼儿园环境创设是人力、物力、财力、精力等在幼儿教育上的投资，应充分认识到，作为教育投资，要力求以最小的投入发挥最佳的效用，实现教育功能最大化。

1. 因地制宜，充分利用空间

任何环境创设都必须从实际出发。由于每所幼儿园的地形、地貌、周边环境、建筑格局、总体设计等不尽相同，因此环境创设的处理方法就不能千篇一律，应充分挖掘和利用空间构建丰富的、具有本园特色的环境。空间包括地面、顶面和墙面。地面布置，可在室内外的地面涂、画各种线、形、色、数字、字母、迷宫等；顶面布置，可在室内天花板吊挂各种兼具教育性和装饰性的物品，如节庆灯笼、民俗作品等；墙面布置，可在室内外创设不同内容板块的主题墙，如幼儿作品展、家园联系栏等。

2. 合理布局，发挥环境的综合功能

幼儿园环境创设要重视各类环境的相容性，即在规划环境时要考虑各类环境的性质，尽可能合理布局，以免相互干扰。美国学者布朗把幼儿园环境区间的性质描述为静态、动态、用水、不用水等特性，并大致将活动区分为以下四大类：第一类是静态、用水，如自然区、手工区、美工区；第二类是动态、用水，如玩沙区、玩水区；第三类是静态、不用水，如图书区、数学区；第四类是动态、不用水，如音乐区、娃娃家、积木区。据此，教师应尽量把性质相似、功能相近的活动区放在相邻位置，如阅读的图书区与安静操作的数学区放在一起，活动较多的积木区和娃娃家放在一起。环境布局合理，可以让教育教学活动的组织事半功倍。

3. 拓展思路，利用多方资源

幼儿园环境创设要从当地实际出发，就地取材，一物多用，适当废物利用，不浪费资源。在一些条件较为艰苦的幼儿园，教师、幼儿和家长一起利用沙、石、水、土、玉米棒子、竹片等材料共同创设环境，制作玩具、教具和各种操作材料；不少条件优越的城市幼儿园也坚持"变废为宝"，利用废纸盒、空塑料瓶、废旧纸箱和泡沫填充材料等，让幼儿园环境创设更生活化。这些做法都值得大力提倡。幼儿园环境创设应追求功能多样、效率提升，应打破思维定式，充分利用一切可利用的资源，尽可能实现一地多用、一室多用和一物多用，合理安排各个活动场所的使用时间，充分发挥环境的综合功能，努力扩大现有环境的利用效率。如利用废旧的矿泉水瓶、油桶、瓦缸等材料，把泥土放到这些器皿里，再分类洒下种子，创设蔬菜类、瓜果类、花卉类等种植区。

（五）发展性原则

发展性原则是指环境创设并非一成不变，而是一项持续性的活动。如要根据幼儿的

近期兴趣、发展需要、能力水平以及教育内容的不断深入更换主题,在不同类型的活动区域增添或者替换部分材料,以支持主题活动的展开;随着季节变化,户外种植区应该适时改变种植的作物。这样有的放矢地变换和调适环境,能让环境更好地支持幼儿的成长。研究表明,长期固定不变的环境内容会影响幼儿想象力的发展,减少幼儿动手参与及与周围环境积极互动的机会。

因此,环境创设要常变常新,通过不同环境内容的布置、不同活动设施的设置以及不同材料的投放,丰富幼儿的视觉感知,增加幼儿动手操作的机会,促进幼儿与环境、材料的互动。同时,还应该及时捕捉一日活动中生成的各类活动或提供各类材料,以丰富幼儿经验。例如,有的孩子对露珠没有直接经验,就会有"叶子怎么哭了""大树是不是很冷"这样的表达,教师应及时捕捉到这一信息,从而生成关于认识露珠、为大树保暖等系列活动,以及时丰富和整合幼儿经验。

1. 创设可变化的环境

环境是重要的教育资源,环境创设要根据教育目标的预设和幼儿发展的需要来进行,并不断调整和完善幼儿园环境。环境创设是一个动态变化的过程,应全面了解幼儿的特点、兴趣和需求等各个方面的教育主题,提供幼儿乐于探究和容易与之产生相互作用的环境和材料,并随着主题活动的进展和幼儿学习需要的变化而适时改变环境。如小班幼儿,尤其是入园初期的幼儿,特别喜欢娃娃家,这不仅是因为毛茸茸的动物和娃娃等玩具、家具符合小班幼儿的兴趣特点,而且还因为娃娃家可以在一定程度上满足幼儿依恋家庭、消除分离焦虑的需求。某园小班老师发现,许多幼儿都想玩娃娃家游戏,可是教室里的娃娃家只有一个,幼儿们挤在那儿不肯离去。老师不断地要求幼儿们互相谦让,为了"好孩子"的荣誉而谦让的幼儿总是得不到自己喜欢的玩具,很多幼儿非常难过,甚至出现打架等不良现象。为此老师进行了细致而深入的观察、反思,并采取改进措施,结合本班具体情况,开设了三个娃娃家,它们各有特点并相互联系。后来,许多幼儿又对娃娃家的厨房操作台产生了兴趣,老师进而及时地扩大了操作台,并将操作台发展成"宝宝饼屋",增设了所需的厨具等。幼儿们玩得可开心了,不良的情绪和行为表现自然逐渐地消失了。

2. 及时关注生成性资源

环境创设的过程是一个促使幼儿学习成长的过程,环境创设要为幼儿提供参与、表现的机会和条件,同时也要关注幼儿与环境互动时生成的新的资源。如从玩沙产生的科学探索。

玩沙趣味科学区——玩沙的产生

小班的孩子们光着脚丫踩在木地板、地砖、鹅卵石、糠壳、米、沙等不同材质的材料上后,对踩沙和玩沙非常感兴趣,于是我们就设置了这样的趣味科学区。

把沙带到教室里:孩子们充分与沙接触,感受沙的特性。孩子们找来各种材料,尝试着让沙在其上滑落。

把工具带到户外：孩子们运用各种工具，选择不同的角度、方式、方法让沙滑动，感受滑动速度的快与慢。

沙漏的产生：玩沙的过程中孩子们发现了一种让沙滑动的好玩的玩具——沙漏。于是，他们和爸爸妈妈一起制作沙漏，然后带到幼儿园和大家分享，并主动地介绍制作过程和玩法，体验到不同材料制作的沙漏带来的不一样的乐趣。

上面的事例就是由幼儿的兴趣出发，及时回应了幼儿的兴趣，通过把沙带到教室，不仅产生了新的环境，还制作出了新的玩具。

（六）操作性原则

操作性原则是指环境创设具有可操作性。一方面表现在环境本身的"可操作"，这是对幼儿园环境教育性的丰富。幼儿园环境无论是静态的还是动态的，都应具有可操作的价值。如墙饰应具有可操作性，即墙饰的布置应可供幼儿操作，因此教师设计墙饰时，应尽量使人物、动物成为可活动的，如小动物的手脚可伸展变化，墙饰下面应留下可供幼儿自由添画鱼、花、草等物的空间。另一方面表现在环境创设的合适性，即环境创设要适合幼儿的发展水平、年龄特点、兴趣爱好、个性特点特征等，这样就环境本身来说才具有可操作性。

1. 适合幼儿的年龄特征

幼儿园环境创设要符合特定年龄阶段的一般幼儿的身心特征，体现幼儿的年龄差异，满足幼儿在不同发展阶段的需要。例如，小班环境要具备结构简单、色彩鲜艳、富有感官刺激等特点，中班环境在小班的基础上突出操作性，大班环境要突出探索性和实验材料的丰富性。在活动区材料的投放数量上，小班幼儿倾向于单独游戏或平行游戏，应多投放相同的材料，而中班、大班幼儿更喜欢合作游戏，可以投放较复杂的合作性材料。在室外游戏场设计上，器材的结构规格、材料的承受力和耐用度等应随幼儿年龄增长适度增加，而随着幼儿体能和动作技巧灵活性的增强，游戏器材的复杂性、难度也要随之提高。

年龄特征不仅具有稳定性，同时也具有可变性。因此，教师不仅要依据"书本上"幼儿的年龄特征，更要依据现实中本地区、本班幼儿的年龄特征来进行环境创设。与年龄特征相关的概念"敏感期"（或称关键期）也为创设环境提供了理论基础。我们知道，敏感期是教育的最佳期，在敏感期内提供相应的环境刺激会对幼儿的发展起到事半功倍的效果。例如，2—4岁是幼儿个体秩序感发生发展的敏感期。因此小班幼儿的环境材料不应太"多"、太"杂"，应尽量让幼儿感到环境中的秩序和合理，同时也应满足幼儿对环境控制感的需要。

2. 适合幼儿的个性特点

每个幼儿都是一个独立的个体，在兴趣、能力、学习方式等方面都存在很大差异。如有的幼儿天性好奇，有强烈的探索愿望，教师就应为幼儿创设问题情境，使幼儿有发现问题并解决问题，提高思维水平和动手能力的机会；有的幼儿性格比较"外向"，那么具有操作性和冒险性的游戏材料更适合这些幼儿;有的幼儿气质比较"内敛",那么就应该为这些幼儿设置专门的安静区或私密区。教师在设计环境时,要把这些特点都考虑进去,既要考虑幼儿的年龄特征,也不能忽视幼儿间的个体差异,这样才能为每个幼儿创设与其发展相适宜的"最近发展区"。

(七)开放性原则

开放性原则是指创设幼儿园环境,不仅要考虑幼儿园园内环境要素,同时也要重视园外环境的各要素,应在空间、内容、方式和参与者等方面都体现开放的理念,形成开放的幼儿园环境系统。利用开放的教育环境对幼儿进行教育,是教育者应该树立的教育观念。科学技术发展所带来的信息量给幼儿的刺激可以说是全方位的,幼儿的成长随之受到多方面的影响,因此,不能关起门来办教育,脱离幼儿园园外环境进行园内封闭式的教育其成效是有局限的。面对外界环境的复杂影响,幼儿园应采取积极的态度,主动与外界结合,让家长和社区成员更进一步地了解幼儿和幼儿园,使幼儿园教育获得家庭和社区的支持和配合,有针对性地对幼儿进行教育。同时,也要促使家长和社区成员从教师那里学习教育知识和技能,改善自身的教育观念和行为。

1. 空间上的开放

首先表现在幼儿园内空间的开放。既然幼儿园的环境是为幼儿创设的,那么这些空间就应该对幼儿完全开放。活动区的规则不能限制幼儿的学习自由。例如,在娃娃家的孩子突然想起"哄婴儿睡觉可以拿一本书给婴儿读",这时他可以自由地来到图书区拿一本图书。同时还可以利用或改造自然环境。教师可根据幼儿的个性特点,充分发掘自然环境资源,让幼儿在自然环境中得到学习和锻炼。如,教师可利用幼儿园内挂满紫藤的长廊,在四周围上遮阳布,形成黑暗通道,开展"穿越隧道"的游戏,或利用植物园茂密的树林玩"勇敢侦察兵"的游戏。

其次表现在幼儿园与社区之间空间的开放。社区可以作为幼儿园环境的延伸空间,同时幼儿园也是整个社区环境的一部分。比如社区图书馆、科技馆等可以作为幼儿园环境教育的内容,而幼儿园的环境也可以作为社区活动的一部分。

当然,对于小班幼儿来讲,他们身体的自控和管理能力较差,因此可以对他们实行开放与半开放相结合的原则。如开放活动时的空间,以便孩子对材料、玩具进行选择,在活动结束后或在环境转换时,开放的环境可转换为半开放的环境,使幼儿的注意力转到下一个环节。太开放的空间对于低幼儿来讲会让他们感到不知所措、无所适从。

2. 内容上的开放

这个世界每天都在进行着日新月异的变化,因此环境的内容不仅要常常变化,更要紧跟时代信息,做到"吐故纳新"。环境的内容不仅要以幼儿的生活经验为基础,更要关注国家乃至世界的变化。例如,哥本哈根气候大会对于人类的影响就可以作为环境创设的主题内容。

另一方面,内容上的开放还表现为"留白"。如果内容太过丰富,所有的信息都毫无保留地展现给幼儿,那就会造成没有留给幼儿任何发问、想象、拓展的空间,这就不利于培养幼儿的发散性思维和探索创新能力。

3. 参与者的开放

环境创设的主体不仅是幼儿和教师,还应开放到家长或其他人员,家长参与环境创设一方面体现了家园共建性,另一方面也让家长体会到了主人翁的地位,这样家长更容易从教育的视角来和幼儿园形成教育的合力。吸纳其他人员尤其是社会各领域的专业人才,可以整合他们的智慧作为幼儿园的教育资源。新媒介时代来临,构建网络平台能够让大家多渠道、多方式地参与和沟通。

(八)丰富性原则

教育环境区别于一般生活环境的根本特征之一就是,教育环境具有丰富的教育价值。丰富性原则是指幼儿园根据幼儿身心发展特点,为幼儿提供足够的、合理的、可供幼儿获取丰富信息的、适宜幼儿身心发展水平并具有多重教育价值的环境条件,支持幼儿与多种材料发生交互作用,促进幼儿获得多方面的发展。环境创设应适合幼儿的年龄特征、兴趣、能力、学习方式、生活方式等,这样的环境有利于培养幼儿良好的性格,形成良好的品质,还能够满足幼儿好奇、探索的天性,因而在创设时应力求做到"没有一处无用的环境"。同时,坚持丰富性原则应该融合生态化的取向,为幼儿园创设一个"生态化的环境",所以丰富不是一味地求多,而是整体适宜。

1. 创设丰富的环境空间

幼儿园环境应包含丰富多样的活动空间,做到室内、室外活动场地多样化;动态、静态活动区域合理划分;集体、小组和个人活动空间相辅相成,以满足不同幼儿各类活动的需求。在室内、室外活动场地多样化方面,应做到:室外环境应设计有适合幼儿活动的平整的硬化场地、软质场地(草地、泥沙地、塑胶地等)、绿化区、玩具区、沙池、种植区、养殖区等,提供各种游戏活动设施(如滑梯、秋千、跷跷板、攀爬架、平衡木等),支持幼儿体能锻炼和游戏活动。室内环境的设计应尽可能合理规划,配合各教育主题的开展,布置各式各样的活动区,如图书区、美工区、建构区、益智区、角色扮演区等,支持幼儿在区域活动中自主探索学习;还可以设置各类功能室,如木工、泥塑、科学实验、厨房等功能室。同时,将室内、室外环境的利用结合在一起,拓展教育活动的广度和深度,促进幼儿多元化发展。

2. 提供丰富的环境材料

环境材料的丰富应是多种维度的。数量上,应考虑材料的多样性,每个活动区域内要有足够的操作材料来唤起幼儿的经验,才能满足幼儿共同游戏,形成合作等;如建构区中的积木等材料应该是多样的,而不是只有单一的木质积木。结构上,要考虑到材料的层次性,应同时考虑高结构的成品材料,低结构的半成品材料和无结构的沙、水等材料的投放。时间上,应该遵循循序渐进的原则,渐进式投放材料,这样幼儿不仅可以根据自己的水平和兴趣来选择材料,还能深度地推进幼儿园游戏的进程,以促进幼儿经验信息的更新,同时提高新旧材料的利用率。

3. 创设多样的活动区

幼儿的学习有不同的活动方式。就活动方式而言,首先应注意兼顾静态活动(如益智区、图书区)和动态活动(如建构区、沙水区),用水活动(如沙水区)和不用水活动(如益智区),喧闹活动(如音乐区、表演区)和安静活动(如图书区、私密区),团体活动(如建构区、娃娃家)和个别活动(如电脑区、私密区)。另外,有些活动区是相对固定的(如电脑区),而有些则随课程、主题变化而变动。因此,在设置活动区时,要注意在这些维度上进行全面丰富的创设。

除了活动方式上的丰富外,还要注意活动对象上的丰富。幼儿既有合作分享的需求,也有个人探索的需求,因此,活动区在设置时应该考虑满足团体和个别的需要。在大团体区方面,就要有可以让全班幼儿集体活动的空间;在小团体区方面,应满足2到6名幼儿进行室内和室外的互动;在私密区方面,应提供让幼儿个人隐藏的私密空间,该空间应安静、不受打扰,与其他活动区有明显界限但并非完全隔断。

事　例

班级美工创作吧

美工创作吧的版块:创作吧可以分成以下版块——名画欣赏、我会做、我会折、我会画。每个版块分工明确,其内容都以当月主题活动为依托进行。创作吧里还包括材料区、操作区、作品展示区。材料投放有序、有变化,且操作性强,时刻在孩子面前展现一种井井有条的美感。

美工创作吧的材料和工具:给孩子提供丰富的材料和工具,如:油画棒、颜料、画笔、记号笔、橡皮泥、纸张、纸巾筒、盒子、光盘、酒瓶、吸管、纸杯、毛线、果壳、干树枝、树叶、布头、鹅卵石、剪刀、胶棒、胶水、棉签等,将其置于材料架上,以方便幼儿取放为前提,分类整齐摆放,供其在遵守基本规则的同时自主选择,开展创意绘画和制作。孩子在这样自由、安宁和丰盛的氛围中,创作欲望更容易被激发。

美工创作吧的规则:由于创作吧内材料多样,工具也具有一定的不安全因素,所以,创作吧内的活动规则也是不可缺少的一部分。

环境会说话,我们致力于为孩子创设一个丰富的、自由选择的环境的同时,尤其重视区域美感,如色彩的搭配、材质的讲究、摆放的错落有致,等等,环境潜移默化、耳濡目染的力量不可小觑。

二　幼儿园环境创设的策略

(一)讨论法

所谓讨论法是指在环境创设以及环境交往中,教师引导幼儿相互商量,集思广益,从而确定环境创设的主题和内容或者与材料互动的方法。比如幼儿对教育活动中的某个主题特别感兴趣,教师就可以因势利导地引导幼儿对这一主题内容进行讨论,派生出有关这一活动的系列环境创设路径和内容。在进行新的环境创设或者新的材料投放时,当幼儿自己在与材料互动时遇到困难,教师可以通过和幼儿讨论的方式引导幼儿进行操作,共同找到解决问题的办法。运用讨论法时要注意:第一,在幼儿已具备感性经验的基础上进行;第二,讨论的问题要围绕环境主题,做到目标具体明确;第三,在讨论中要鼓励幼儿敢于发表自己的看法,并且注意倾听同伴的回应。

(二)探索法

探索就是让幼儿在环境中自己去发现问题,并自己独立地解决问题,从而获得个体性的经验,这种方法在培养幼儿主动学习,形成学习的内在动力方面有重要意义。例如中秋节,教师和幼儿共同收集不同质地、不同大小、不同形状的月饼盒子,发挥奇思妙想,做成各种各样的手工作品;又如在数学区投放一组杯子,杯子上有大小、颜色不同的点,杯子里插上粗细不同、颜色各异的管子,引导幼儿按点匹配,从而促进幼儿创造思维的发展。运用探索法时要注意:第一,创设的环境和提供的材料是幼儿探索活动过程中力所能及的;第二,独立探索要与教师的指导结合起来,使幼儿的探索不断深化;第三,教师要帮助幼儿建立探索的事物与已有经验之间的联系;第四,教师要努力协助幼儿促成探索,提高幼儿探索的兴趣和质量,从而帮助幼儿树立解决问题的信心。

(三)操作法

操作法是教师指导幼儿动手操作,让幼儿掌握知识,形成技能技巧和习惯的基本方法。幼儿园环境中所提供的基本材料应该符合幼儿的操作水平和操作需要,要能激发幼儿的操作兴趣。操作法的运用依赖于操作材料。幼儿往往要先通过操作了解材料的性质,以此来实现自己的目的。于是,摸摸看看、敲敲打打、拆拆弄弄、粘粘贴贴、拼拼装装等各种作用于材料的方法都成了幼儿的操作行为,值得一提的是,幼儿在操作材料时,教师要养成观察和记录的习惯,只有这样才能加深对幼儿的了解,从而有目的地进行环境的改换和材料的更换。运用操作法时要注意:第一,鼓励幼儿大胆动手;第二,对操作提出不同层次的要求,由易到难;第三,允许幼儿操作错误,并从中引导幼儿纠正错误;第四,操作的方法要多种多样,避免简单机械的操作。

(四)评价法

幼儿园环境评价是对环境质量的评价,包括对幼儿适应环境的评价,对幼儿环境创设和互动的评价以及对环境创设效果的评价。运用评价法时要注意:第一,支持幼儿按照自己的想法作用于环境;第二,促使作用于环境的结果为幼儿所感知和体验;第三,用启发性和互动性的方式引入新经验。

第二章

幼儿园活动室主题环境创设案例与分析

"主题"是对彼此密切关联的一系列活动或经验的概括,大多学者都认为主题是一种围绕某个中心经验形成的教育内容的组织结构。一个主题可以横向关涉或辐射多个学科或领域的知识经验,并同幼儿的整体认知和感性体验的身心特点相契合。基于主题的活动室环境创设具有内容的统一性、连续性等特点,有利于幼儿经验的连续、深入发展。

 主题背景下的活动室设计案例与分析一

幼儿园活动室的环境创设一般集中体现在主题墙和活动区两个主体部分,因而我们主要研究主题墙的环境创设与活动区的环境创设,包括活动区材料的投放。

(一)幼儿园活动室主题墙创设案例与分析

地点:重庆市江津区几江幼儿园

时间:2016年10月

背景介绍:主题墙教育是幼儿园教育的重要教育资源,活动室中良好的主题墙创设与利用会使幼儿在与主题墙的互动中获得各方面能力的发展。在主题墙的创设中既要体现其教育性和适宜性,更要接近幼儿最近发展区,激发幼儿的参与性和挑战性,创设丰富的、形式多样的内容,富有儿童情趣,体现幼儿天真烂漫的情感和思想。在主题"爸爸妈妈的职业"中,老师的主题墙创设要反映主题内容,能清晰地体现主题的推进,让主题活动的预设与生成相结合,体现幼儿发现问题、探究问题、解决问题的过程。主题墙的创设要贴近幼儿生活,符合幼儿发展水平、经验和需求,给幼儿一些隐性的支持与帮助。

环境呈现:见图(2-1、2-2、2-3、2-4、2-5、2-6、2-7、2-8、2-9)[1]

图2-1 "职业迷宫"

图2-2 "职业排序图"

图2-3 "职业跳棋"

---

[1]王胤敏2016年10月摄于重庆市江津区几江幼儿园。

环境创设分析：在课程的实施过程中,幼儿对身边常见的职业有一定的认识,为了让幼儿对常见职业的工作性质和工作中遇到的问题有更深的了解,老师在本区域的互动墙上(利用地面)设计了"职业迷宫""职业排序图""职业跳棋"。中班幼儿心理过程中随意性占优势,抑制能力差,只有鲜明具体、生动有趣的事物才能引起幼儿的积极情绪,集中精神,活跃思维。所以选择幼儿熟悉的职业人物和形象更能激发幼儿参与游戏的兴趣。在游戏规则设计时,考虑到中班幼儿现有的直观形象思维水平发展特点,在玩法上以路线辨识、记忆、数点子等简单的数学知识来完成游戏。棋名,棋盘、棋子的设计均要符合幼儿的心理,使他们一听棋的名字或看到棋盘和棋子便被吸引。

图2-4 "我设计的服饰"

图2-5 "T恤大咖"

图2-6 "我们的时装秀"

环境创设分析：在本主题开展过程中,材料丰富的"服装加工厂"受到孩子们的青睐,幼儿对服装设计师(美工区)这一职业非常感兴趣。孩子们根据自己对职业的认识用绘画的方式设计出多种职业服饰。但仅仅用绘画方式还不能满足幼儿对服装创作的需求,于是,老师提供了白色文化衫和多种剪、画、粘贴的辅助材料,让设计师们大胆创作,以"T恤大咖"为设计主题,设计出更多可以穿在身上的作品,并进行走秀展示。在本区角的主题墙中,以记录幼儿在活动区的活动过程为线索,体现幼儿的活动成果。

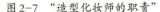
图2-7 "造型化妆师的职责"

图2-8 "灯光师摄影师的职责"

图2-9 "导演和道具师的职责"

环境创设分析：走秀展示中涉及的职业很多,导演、化妆师、道具师、灯光师等多种职业的特点和任务是孩子们比较陌生的。为了游戏的有序开始和推进,这个区域的主题墙主要是对各种职业的简单介绍,让孩子们在游戏中知道做什么、怎么做。

事例

　　活动区的时间到了,陈诚、燕子、小白三个小伙伴不约而同地来到了棋类区,各自挑选不同颜色的棋子——A是红色的棋子、B是黄色的棋子、C是蓝色的棋子。利用地面上的棋盘(益智区主题墙),三人一起围坐在棋盘的周围,各占一方玩起了"职业跳棋"。聪明的陈诚提出用"石头剪子布"的方式决定谁最先走,最终挑了黄色棋子的小白胜利了,获得了最先扔骰子的权利。他扔到了数字3,当走了三步的时候,发现旁边格子里似乎有再往前走的标志,于是又向前走了一步。机灵的陈诚发现了他走的步数似乎不对:"你怎么走到这里了,这样不对!""对的,你看嘛,这里是前进标志!"小白胸有成竹地反驳着。"哎呀,你看嘛,这是往前走两步的标志,你只走了一步,不对!"陈诚一边说一边示范着。"哦哦哦!"小白连连点头。游戏在陈诚的指导下,达成一致意见,大家都玩得特别开心。最后在总结交流的时候,陈诚还提出了一个大胆的想法:想制作一本书,让不会玩游戏的小伙伴也能一看就明白,这样所有的小朋友都能愉快地参与游戏了。

　　益智区的地面主题墙设置成面积较大、规则易懂的职业棋类游戏,有助于幼儿同伴之间的经验交流与分享,促进同伴之间相互关注、相互学习、相互尊重,使孩子们了解到同伴会有不同的观点和做法,学习尊重别人的观点和做法,同时了解到可以向同伴质疑、与同伴进行讨论。在幼儿的游戏中教师能更好地了解幼儿的学习过程与特点,更准确地判断幼儿的需求和经验水平,与幼儿一起设计出"职业棋类游戏"的玩法流程图,为幼儿开展游戏和学习活动提供更有针对性、更有效的支持。

(二)幼儿园活动室区角环境创设案例与分析

地点:重庆市江津区几江幼儿园

时间:2016年10月

背景介绍:创设一个轻松、自由的区角学习环境,必须考虑儿童的兴趣和发展的需要。在与孩子的接触中,我发现孩子们最开心的就是每天的自选活动区时间。由于区角活动多数是自选活动,所以应根据本班幼儿的年龄特点和活动特点进行设置。中班阶段的孩子,他们的思维开始具体形象,有意性已经发展,特别喜欢模仿一些他人的行动和语言,扮演一些他人的角色。角色游戏的开展在很大程度上能满足他们身心发展的需要,符合孩子们生理和心理的发展水平,很受欢迎。所以,结合中班课程主题"爸爸妈妈的职业",我设计了这一季以该主题课程为背景的中班区角布置。将室内活动区划分为超市、医院、小吃店、服装加工厂、建筑公司、科技公司、图书馆等孩子们生活中熟悉的职业场所。

　　环境呈现:见图(2-10、2-11、2-12、2-13)[①]

---

①王胤敏2016年10月摄于重庆市江津区几江幼儿园。

图2-10 "我的商业街"

图2-11 江津建司

图2-12 江津公园

图2-13　江津印象

环境创设分析：主题背景下的区域设置应依据主题活动的内容来进行，包括创设的活动氛围以及投放的活动材料等。我们把阅读区（江津书店）放到最安静的位置，把需要大操作场地的建构区命名为"江津建司"，把美工区材料投进了"服装加工厂"，把科学区与益智区整合为"科创公司"。中班活动室区角面积最大的部分应该是角色扮演区，我将"重百超市""江津名小吃店""社区医院"三个角色区域放在一个版块，既注意了区角间的互动，又与安静区有所隔离。孩子们进入到区角中，根据服装和材料的提示就能了解自己的活动任务。比如在服装加工厂，老师提供了各种颜料、自然材料、剪贴的工具等，让孩子们去设计加工一些没有任何图案的白色T恤。加工完成后可以送到超市进行销售或者穿着自己设计的服装到展示台进行展示。孩子们在区域活动中既得到了能力上的提升又促进了与同伴的交往，对课程主题目标的达成也是一个有效的途径。这样的区域设置无论是从材料投放还是从组别划分上，都要在兼顾幼儿兴趣的同时紧贴活动主题来推动区域活动的开展。

事例

　　瑞瑞在今天的区角活动中被聘为小吃店的店长。她在店里给"员工"们分配了"打糍粑"和"做水果拼盘"的工作。当员工发现糍粑没有白糖时，她马上到隔壁区域的超市购买。在餐厅，她接待了建筑公司的工人、医院的护士、科技公司的工程师等客人。在点菜单上用数字和简单的符号记录了客人的需要，客人非常满意她的服务。当发现客人点餐太多时她还建议客人打包不要浪费。通过观察，我发现孩子们不仅在活动中融入自己的角色，知道自己的角色任务，在面对问题的时候还能用原有的经验进行解决。在其他区域的孩子工作也非常投入：清洁公司的工人会去每个区域询问是否需要保洁服务，超市的工作人员也忙于接待顾客和整理货物，医院正在抢救一名服装厂的工人，建筑工程师去图书馆查阅有关书籍……每个孩子都显得非常忙碌，一个小时的活动时间显得井然有序。

结束时间，孩子们整理完材料后要对今天的活动进行简单的小结，对下次活动提出一些新的要求。我们整个活动区的创设是可变的、发展的。前面提供的设计图也是根据老师观察幼儿的活动状况，与幼儿、家长积极商议后进行修改的。一方面是为了与主题结合得更加紧密，巩固对职业特征的认识；另一方面，也是为了将中班幼儿的核心经验更有效地融入其中。

（三）幼儿园活动区材料投放案例与分析

地点： 重庆市江津区几江幼儿园

时间： 2016年10月

背景介绍： 活动区的材料投放是支撑幼儿进行区域活动的核心。幼儿来到活动区，最先接触到的便是区角中的各种材料——先拿起"建筑材料"敲一敲，摸一摸小厨房的各种食材，等等。好的材料投放能够在第一时间吸引幼儿进入该区角环境，激发幼儿在区角游戏中的参与意识，给幼儿的区域活动提供隐形支持。在某一时期的主题背景下，各个区角材料投放要围绕相应活动区目标展开，尽量投放幼儿生活中常见、熟悉的生活材料。

环境呈现： 见图（2-14、2-15、2-16）①

环境创设分析： 材料是活动区的关键因素，幼儿是否对活动区的材料萌生出"摆弄"的兴趣，取决于教师对区角材料的考究与挖掘。幼儿对于自己生活中接触到的事物有天然的"爱好"，因此我们在投放材料的时候尽量选择生活中的"真实材料"——新鲜的果蔬、白嫩嫩的糍粑、谷物粮食，等等。还原生活中的自然材料，让幼儿能够更好地感受外在事物的本真。幼儿的学习来源于真实的生活体验，在活动区中我们也希望能够通过幼儿的动手操作、对活动区材料的"上手摆弄"，激发幼儿的兴趣，以期得到幼儿深度、自然的学习过程。因此我们在材料

图 2-14　超市

---

① 王胤敏2016年10月摄于重庆市江津区几江幼儿园。

图2-15 服装加工厂

图2-16 小吃店

区投放的材料尽量考虑幼儿的实际动手操作性。如在表演区,我们尽量不投放高结构的服装服饰,而采用纯白的文化衫,与旁边的美工区相渗透,让幼儿拿起画笔,做一回"服装设计师",设计想要展示的"T台服饰"。穿上自己设计的服装,孩子们走在T台上更加自信了!

事 例

> 自从服装加工厂开张以来,雅雅总是第一个来到服装加工厂,担任一名服装设计师!雅雅对着布条、纽扣等摆弄着,设计自己喜欢的服装图案。她在衣服上画上动物的脑袋,又画了一些小花小草,看来是个小清新的设计师!雅雅把两只衣袖涂上厚厚的红颜料,又找来了一些黑色、粉红色的纽扣,交错地粘贴在两只衣袖上。过了一会儿雅雅又离开座位,在材料里翻找,找出了各种颜色的塑料夹子,并把夹子左一个右一个分别夹在两边的衣缝上,看上去是完全对称的!接着她又开始仔细地点数两边的夹子数量,把两边的夹子按递增的规律一个一个排序起来。雅雅在活动区设计出了自己满意的服饰,在设计过程中,她一直很专注于自己的"创作"。从该事例中我们发现,雅雅能够围绕自己选择的事物进行自主活动,在活动区内能够自主选择收集活动区的材料,以满足其设计需要。

材料投放的多样性能够让幼儿有更加丰富的操作体验,让幼儿在自主选择操作材料时有更大的想象空间,在某一区角中,教师要更多地考虑该区角中幼儿可能感兴趣的生活材料,并结合活动主题进行材料投放。上文事例中"服饰加工厂"里可以投放更多美术材料——果壳、树叶等。教师要关注幼儿在区角的活动阶段,随着幼儿活动的延伸进展及时更新区角材料,支持幼儿进行深度学习。

二 主题背景下的活动室设计案例与分析二

(一)幼儿园活动室区角主题墙创设案例与分析

地点:重庆市江津区几江幼儿园

时间：2016年10月

背景介绍：活动室是幼儿学习、游戏、活动的环境，墙面布置的整个过程都具有很强的教育功能。主题墙作为班级环境的隐性资源，随时在和幼儿进行着"沟通"与"交流"。孩子们会经常站在主题墙面前专注地观察，对主题墙上的事物产生好奇。陈鹤琴先生说过："环境的布置要通过儿童的大脑和双手。通过儿童的思想和双手所布置的环境可使他们对环境中的事物更加认识、更加爱护。"教师如果能让孩子也参与到环境创设中，使孩子成为主题墙的小主人，那孩子对主题墙的内容会有更加深刻的自我体验与感受。

环境呈现：见图（2-17、2-18、2-19、2-20）①

环境创设分析：近期班上在围绕自然材料——高粱秆进行主题活动，从认识高粱秆到玩转高粱秆，幼儿的学习经验在一步步积累。首先，孩子们认识高粱秆，通过平时观察、反复触摸体验认识到高粱秆的外形与具体特征，对高粱秆有初步的认知体验。接下来，孩子们用高粱秆制作风车，运用高粱秆、纸、剪刀等材料，探究风车的制作方法。在制作过程中，幼儿会遇到困难（如剪得太多或太少、大头钉钉不住、风车转不起来等），教师组织幼儿对问题提出解决办法并适时引导。再一次的尝试中，部分幼儿能成功地制作完整的风车，少数幼儿仍有困难，教师生成主题墙后，幼儿可以在区角活动中再次尝试，遇到问题可以向主题墙"求助"：观看他人制作过程照片或分析风车制作流程图。在主题墙的帮助下，又有一部分幼儿获得成功。最后，孩子们用高粱秆进行自然测量，用高粱秆玩各种游戏并尝试用高粱秆创造新的游戏玩法。在本次系列活动中，教师围绕材料——高粱秆让幼儿进行深度的学习与探究。从认识高粱秆、运用高粱秆到玩转高粱秆，幼儿的自主活动循序渐进、逐步深入。教师在不同的环节对幼儿的活动过程做出总结与回顾，梳理出幼儿在活动探究中出现的问题以及解决的方法，把幼儿完整的学习过程在主题墙上呈现出来，体现幼儿在系列活动中的学习与收获，也让幼儿能够在后续的活动中对活动经验进行回顾。在高粱秆活动后期，孩子们能对高粱秆进行自主游戏，教师在"玩转高粱秆"主题墙上进行留白，激发幼儿创作新的游戏玩法的兴趣。

图2-17　高粱秆主题墙

①王胤敏2016年10月摄于重庆市江津区几江幼儿园。

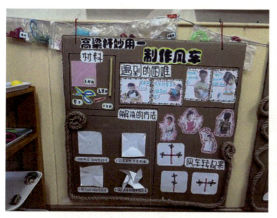

图 2-18　高粱秆制作风车

图 2-19　高粱秆测量

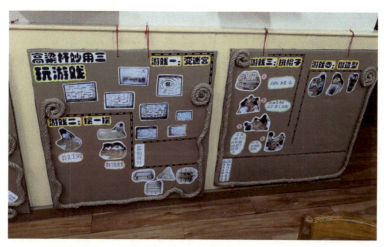

图 2-20　高粱秆玩游戏

事　例

　　班上来了一个新事物——高粱秆，孩子们赶紧围过来摸一摸、看一看。活动的时候，孩子们讨论起来："高粱秆可以用来做什么呀？""怎么玩呢？"……"我们来试着用高粱秆做一个漂亮的风车吧！"孩子们的兴趣全被调动起来，有的已经拿起材料开始制作自己的风车，有的缠着问老师"怎么做风车啊？"孩子们制作风车时遇到了各种各样的困难——纸被剪断了、剪得太少了、风车四个角连不起来、中间的洞剪得太大了……怎么办呢？老师将孩子们集中起来讨论自己在制作风车时遇到的问题，引导孩子们提出解决的办法，如剪的时候要留得刚刚好、风车四个角要一个接一个地粘起来……老师在讨论过程中提出指导方法。讨论结束后孩子们赶紧回到座位上去再次尝试，第二次尝试成功制作好风车的孩子变多了。高粱秆制作风车活动结束后，老师将孩子们在本次活动中遇到的问题以及解决的方法呈现在主题墙上，在后续的区角活动中，有兴趣的孩子可以继续制作风车，在遇到问题时，可以在老师的帮助下，回顾上一次的活动经验，加深孩子的活动体验。

幼儿活动的核心经验是幼儿的自主探究精神。为了让幼儿更好地发挥其主体性,成为活动探究的主人,教师在进行主题墙创设时,要对幼儿的活动进程进行"留白"设计。"留白"可促进幼儿发展的多元化。主题墙的留白设计是教师给予幼儿充分发挥思维的机会,刺激幼儿对新事物的探究热情,达到更好的主题墙互动效果。

(二)幼儿园活动室区角环境创设案例与分析

地点:重庆市江津区几江幼儿园

时间:2018年6月

背景介绍:中班幼儿的心理活动水平有了很大的发展,在活动中的持久性、目的性和专注性都有了比较明显的提高。在活动区划分的时候应密切结合幼儿的年龄特点,大而阔的空间易分散他们的注意力,导致他们蜻蜓点水式地从一个地方晃到另一个地方。而半开放的区角有抑制中班幼儿四处跑动的作用,有助于他们在同一个区角待得久些,专心做完一项"工作"。所以在区角划分的时候要注意动静交替,把观察、阅读、科学、益智、美工等比较安静的区域划分在一个版块,用玩具架围成半包围结构。中班幼儿同伴交往需求与能力的发展需要良好的社会性发展氛围,幼儿的联系性游戏逐渐增多,游戏水平也不断提高,所以区角创设的时候要考虑为幼儿社会交往能力的发展提供一定的条件。所以在中班活动区创设中,要留出最大的空间创设为角色区,让幼儿游戏能力与水平有更大的发展,与同伴的合作性逐渐提升。

环境呈现:见图(2-21、2-22)①

环境创设分析:《幼儿园教育指导纲要(试行)》中指出:"为幼儿的探索活动创造宽松的环境,让每个幼儿都有机会参与尝试,支持、鼓励他们大胆提出问题,发表不同意见,学会尊重别人的观点和经验。"在区域活动的创设中要根据实际需求和幼儿的发展需要创设合理的区域。中一班在区域活动创设中共设置了七个区角,分别是美工区、观察区、益智区、科学区、建构区、阅读区和角色区(建构区在室外大活动区域),每个区角可以容纳四个以上的小朋友,其中角色区有四个小版块,这样足够容纳全班33个小朋友。在区角创设的时候结合教室门窗、卫生间等位置特点,把美工区放到离水源较近且便于陈列作品的位置;把观察区和阅读区放到光线充足、空气清新的靠窗位置;紧挨阅读区的是比较安静且便于用电的科学区和益智区;利用厕所外和寝室之间的过路通道,并连接前门一块长条形的位置,设置成本期最大的区域——角色区。角色区里利用玩具架做半隔断,把一个角色区划分成超市、小吃店、美发店、小医院这四个小项目的区域。这样的区域设置既满足了安静活动的有效开展,也满足了中班幼儿社会性迅猛发展的需求。

---

① 王胤敏2018年6月摄于重庆市江津区几江幼儿园。

图 2-21　活动室区角布置

（左为美工区，靠窗为观察区、阅读区，右为科学区、益智区）

图 2-22　角色区

（超市、小吃店、美发店、小医院）

事例

在小吃店里,厨师小白和服务员小梁正在为今天的餐厅开张做各种准备。顾客小辉的到来打破了之前的安静,因为小辉要吃红烧鱼,可是小吃店以前没有做过这道菜,所以服务员和厨师为不能满足顾客的需求而发生了矛盾。服务员责怪厨师不会做鱼,厨师责怪服务员不好好点菜。在短暂的争吵后他们没有得到最好的解决办法,而小吃店里的顾客因为没有人服务而全部离开。看到顾客的离去,小白和小梁重新约定:只能点可以做的菜,想办法吸引更多的顾客。为了吸引顾客,小白在门口开始吆喝拉客,并对菜品进行减价销售。新的销售手段不但没有吸引到更多的客人,反而遭到美工区芳芳的批评,说小吃店声音太大,影响其他区域的活动。小白向芳芳诉说刚才发生的事情,芳芳给小白出了一个好主意:"你们可以用纸来画一条鱼,剪下来就可以做红烧鱼了!"小白按照芳芳的方法,和小梁一起合作完成了红烧鱼,并把红烧鱼送给了正在美发店洗头的小辉。吃到红烧鱼的小辉非常感谢小白,美发店的员工也因此在小吃店预定了外卖午餐,小吃店又增加了一项新的服务:外卖点餐。

区角游戏中孩子们会出现多种问题,首先老师要明白,孩子遇到问题的时候也正是孩子学习解决问题的重要时刻。如果我们能够理解孩子并且给予相应的引导支持,让孩子独立解决自己的问题,将有助于培养孩子的自信心,提升其解决问题的能力。在今天的游戏中,小吃店的工作人员采用协商、向同伴求助、借助其他材料等方法,不但完成了红烧鱼的制作,还获得了一种新的服务模式。所以,我们不能让孩子养成遇到问题就退缩的习惯,更不能让孩子丧失自主能力,完全依靠成人。

(三)幼儿园活动区材料投放案例与分析

地点:重庆市江津区几江幼儿园

时间:2018年6月

背景介绍:《幼儿园教育指导纲要(试行)》中指出:"指导幼儿利用身边的物品或废旧材料制作玩具、手工艺品等来美化自己的生活或开展其他活动。"自然材料能够让幼儿有更多动手操作的机会,从幼儿熟悉的事物中激发出活动灵感。在幼儿园,自然材料可以是大自然中的各种植物、石头、泥沙等。自然物是最纯粹、简单的事物,但又蕴含着无穷的变化,让自然材料与幼儿蕴含的灵动气质产生碰撞,幼儿能带给老师们更多意想不到的惊喜。

环境呈现:见图(2-23、2-24、2-25、2-26、2-27、2-28、2-29)[①]

环境创设分析:自然材料是低结构材料,拥有潜在的教育价值。低结构材料是一种无

---

①王胤敏2018年6月摄于重庆市江津区几江幼儿园。

图 2-23 观察区材料

图 2-24 美工区材料

图 2-25 益智区材料

规定玩法、无具体形象特征的材料。幼儿可以根据自己的兴趣和当时的想法随意组合,且可以一物多用,从而为幼儿的想象提供了广阔的空间。幼儿在区角活动中,通过对自然材料的观察与感知体验,以及在具体活动中能根据自己的想法来创造性地运用材料,如自然材料树叶,在美工区、科学区等多个区域都具有活动价值,能够满足幼儿多方面的创造需求。如棍状(小树枝、雪糕棒、火柴棒)、片状(树叶、树皮、果皮、羽毛)、颗粒状(种子、果实、石子)等不同外形和质地的自然材料,可以根据需求投放在美工、益智、观察、科学、角色等区角。自然材料本身具有生命力,能够给予幼儿对于外界事物的变化感知,如在观察区,教师提供大小颜色不一样的颗粒种子,让幼儿观察其外形的不同、发芽时间的长短及生长变化形态,在幼儿对变化着的事物产生强烈的好奇心后,教师可以引导幼儿进行深入的观察与探究。自然材料是幼儿较为常见、熟悉的材料,能引起幼儿对自身生活经验的回忆,并满足他们继续探索的兴趣,可以促使幼儿对常见事物进行再创造,让幼儿对周围生活环境保持热情与积极的创造力。

事 例

　　瑞瑞来到了图书区,今天图书区有制作图书的活动,老师投放了相应的制作材料。瑞瑞也想要自己制作一本图书,她先在纸上画上一个女娃娃的头,添加上头发,画上皇冠,一个漂亮的公主快要画好啦。突然瑞瑞从图书区走出去,在美工区翻翻找找。她从美工区拿了一把银杏叶,又回到了图书区。瑞瑞拿起银杏叶在画纸上比来比去,竟然把银杏叶变成了公主的小裙子!瑞瑞在公主的身旁画上一个大鞋柜一样的城堡,还画上了红红的太阳。她用银杏叶拼成了一朵黄色的小花,用彩色笔把小花装饰得更好看了。接下来,瑞瑞又把银杏叶变成了一把把小扇子,还在银杏叶扇子上画上了各种喜欢的图案!小裙子、扇子、云……瑞瑞做完四幅精美的作品后讲了一个奇妙的故事,原来她是在制作一本关于公主的图书。由此可见,在区角材料的支持下,瑞瑞发挥出她独特的审美,自然材料经过孩子的视角观察,竟变成一个个生动活泼的形象。孩子在观察、想象的过程中感受创作的乐趣,让简单的银杏树叶散发出多彩的生命力。

图2-26　公主出城

图2-27　公主获得魔力扇子

图2-28　公主用魔力扇子打败对手

图2-29　公主获胜,众人欢呼

　　自然材料要根据幼儿不同阶段的年龄特征、不同阶段的教育目标以及幼儿实际发展水平来进行投放;材料投放后教师要对幼儿自然材料的使用情况进行观察,给幼儿设置一定的活动情境,帮助幼儿灵活、多样地使用自然材料。教师要根据幼儿对材料的使用现状来对自然材料的投放进行及时的更新替换,保证幼儿区域活动的连续性与完整性。

三　主题背景下的活动室设计案例与分析三

(一)幼儿园活动室主题墙创设案例与分析

地点: 上海市徐汇区科技幼儿园

时间: 2018年10月

背景介绍: 《幼儿园教育指导纲要(试行)》中明确提出:"环境是重要的教育资源,应通过环境的创设和利用,有效促进幼儿的发展。"环境的隐性教育作用可以促进幼儿的自主学习,做活动的主人。活动室是幼儿与材料接触,产生学习的场所。教师要整合活动室环境资源,通过合理的布置安排,激发幼儿的学习兴趣,促进幼儿学习行为的生成。

环境呈现: 见图(2-30、2-31)[①]

图2-30　装饰柜子　　　　　　　图2-31　装饰柱子

环境创设分析: 活动室内有大量的柜面、墙面资源,如柜子立面、柱子立面等,教师可以对墙面进行"变形",利用统一颜色进行打底,将墙面资源变成可用的主题墙资源,呈现幼儿的学习行为与学习过程。在活动室主题墙上,尽量体现幼儿活动参与的过程性,教师只为主题墙提供大致框架,用幼儿自己的作品及幼儿活动过程图片进行具体填充,幼儿以主人的身份参与了整个环境的改变,他们中的每一个人都会在墙面上寄托自己的心愿,宣泄自己内心的情感需要,相信是自己使环境变了,体验成功的喜悦。活动室主题墙要随时紧跟幼儿的活动阶段及活动兴趣,根据孩子的兴趣及需要不断丰富和变化,在这个过程中,幼儿通过收集、储存、整理、交流与分享信息,与主题墙产生真实有效的互动,促进活动

[①] 王胤敏2018年10月摄于上海市徐汇区科技幼儿园。

室活动的逐次开展。主题墙的内容要经常根据活动或课程的需要发生变化,所以在设置时应该创设易于更换的动态主题墙。

> **事例**
>
> 　　阅读区最近在开展"制作图书"的活动,教师为幼儿创设了一个可以制作图书的环境,提供绘画工具等活动材料,孩子们可以在阅读区内制作一本属于自己的图书。教师观察到幼儿在制作图书的过程中存在一个问题:在一次活动区活动时间内,大部分幼儿不能完整地绘制完成一本小图书,等到第二次活动时间时,孩子们第一次绘制的图书内容已经丢失了,或者幼儿对故事内容失去了兴趣。教师关注到图书区入口有两个较大的桌子立面,于是决定充分利用这块墙面,为幼儿制作图书活动提供支持与帮助。教师用统一的白色滑面纸对桌面进行包裹,在背景上添加绘图,两块空白主题墙面就形成了。教师组织孩子们讨论制作图书过程中遇到的问题,在讨论过程中,教师引导幼儿发现难以绘制整本图书的问题。在教师的引导下,孩子们决定共同制作一面墙,墙上粘贴小盒子,用来放置各自不同制作阶段的图书,孩子们可以在每次活动开始之前在小盒子里翻阅已经做好的图书内容,便于回顾自己上一次的故事。教师找来若干个小盒子,粘贴在主题墙上,孩子们画好自己的小头像,粘贴在小盒子上,教师在空白的地方进行绘画装饰,一块师生共同生成的动态主题墙完成了!主题墙等着孩子们的绘制图书予以充实。主题墙制作完成后,班上更多的孩子想要来到图书区绘制自己的小图书。然然也来到图书区创作小图书,用水彩笔画好了自己想画的人物,用蜡笔仔细地涂上颜色,活动区时间结束时,然然画好了两张书页,第三张图还没来得及填涂上颜色。孩子们进行完作品分享活动后,然然把画好的三张纸按顺序一张张叠好,放到了粘有自己头像的小盒子里。第二次区域活动开始后,然然又来到图书区,从小盒子里拿出自己上次的小图书,继续绘画小图书,等到时间结束,然然已完成了小图书,并找老师帮忙订在一起。然然的小图书绘制完成后放在了自己的小盒子里,来到图书区的小朋友们都可以拿起然然的小图书进行翻看。

　　长期以来,在环境创设方面,老师精心打造的环境常常难以引起幼儿共鸣。原因何在?因为在这样的环境里,有着太多的成人意志,哪里有幼儿的自主与创造?要想让幼儿学会自主创造,老师首先要放手,要将主动权还给孩子。在环境创设方面,我们一改传统的做法,鼓励孩子们积极参与班级环境设计与制作的全过程,使幼儿体验设计与制作的快乐,享受成功的喜悦。动态的主题墙创设的内容不是一成不变的,可以随时地变化、增减。如随着幼儿兴趣需要布置墙饰,而又随着季节的变化或是主题的变化而变化。

(二)幼儿园活动室区角环境创设案例与分析

地点:上海市徐汇区科技幼儿园

时间:2018年10月

　　背景介绍:活动室利用班级环境进行创设,根据活动性质将班级环境分隔成若干版块,并对不同活动区进行材料投放。班级活动室的空间布局,应符合孩子们的身心特点,以及教师教育理念思维,既要方便管理,又要保证合理的分区设计。因此,对班级活动室的布局规划,教师要进行整体分析,对班级空间进行整体的合理性规划布置。教师在进行环境分隔时,可以充分利用环境资源。在考虑活动室空间划分时,需要将活动区特点及区域环境特点结合起来进行考虑。

　　环境呈现:见图(2-32、2-33)[①]

图2-32　科学角

图2-33　压水机

　　环境创设分析:教师在进行区域划分时,要充分利用班级的不同环境,有效地利用室内外环境进行互动区布置。随着幼儿同伴交往需求与能力的发展,他们需要良好的社会

---

①王胤敏2018年10月摄于上海市徐汇区科技幼儿园。

性发展氛围。活动区环境要为幼儿社会交往能力的发展提供环境支持,幼儿自主能力与水平有了一定的发展,与同伴的合作性也会逐渐提高。考虑幼儿在区域活动中能相互交流、共同合作,进行活动区划分时,可以将两个班的室外活动区合并成合作区域,设置一个活动区,使活动区内有更好的活动资源、更宽松的活动空间。幼儿在进行活动区活动时,能够打破班级限制,增强班级之间的互动性;在活动过程中,既能与同班级幼儿合作,也能与其他班级同伴进行互动交流。

事例

　　教师利用塑料箱、废旧茶杯、塑料管道制作了一个大型的压水机,并将相邻两个班的户外露台连接起来,把自制压水机放置在露台,便于幼儿进行操作,展开科学活动。1班的洋洋来到压水机旁,站在压水机前观察了一会,动手去摇晃长长的操作杆,发现将操作杆往下压的时候,塑料管里能向水槽里喷出一股水,水顺着水槽一直流出去。洋洋看到教师准备的塑料杯子,想用杯子接住挤压出来的水。他先挤压了一下操作杆,塑料管里流出来的水较少,还没有流到水槽出口,他又挤压了几次,水从出口流到了地上,洋洋赶紧拿着水杯跑过去接水,但是很多水已经流到了地上。洋洋觉得接水来不及,想找一个伙伴与自己一起操作,于是跑到班上去寻找自己的小伙伴,但小伙伴们都正在其他活动区里玩自己的活动,没有和洋洋一起来到科学区。洋洋走回到科学区,想一个人再次尝试。这时他看到科学区里新来了两个2班的孩子,他们也想玩压水机,洋洋就走过去对他们说:"我们一起玩这个好吗?"于是三个幼儿一起合作玩压水机。洋洋拿着杯子,站在水槽出水处,另外两个伙伴抓着操作杆准备压水,洋洋把杯子对准了出水口,对另外两个伙伴说:"你们可以压了。"他们一人用力压了一泵水,水从塑料管里流出来,沿着水槽一直流到了洋洋准备好的杯子里,三个孩子都很兴奋,互相商量调换位置轮流压水、接水。

　　活动区的划分是把整片空间化整为零,供不同的活动区使用,把几张桌子、几个玩具角分配到活动区中,都需要预先进行设计。如果需要进行集体活动,只要挪动少量桌子就可以了,这样的空间利用就更加合理一些。在进行设置时,还要方便幼儿的活动转换。在游戏时,幼儿有时需要从一个区到另一个区,或去盥洗室。因此,活动区的划分既要保证幼儿顺利转换活动,又要做好巧妙的隔离,所以在划分活动区之前教师应该有一个书面的设计。在精心设计和全面考虑之后,构想跃然纸上,这时便可以付诸行动开始进行布置了。当教师按图纸重新调整一番后,还不是大功告成之时,要继续观察幼儿在活动中、转换时是否如设想的那样有秩序。如果还出现了某些问题,就需要再做进一步的调整,直到适宜为止。

(三)幼儿园活动区材料投放案例与分析

地点:上海市徐汇区科技幼儿园

时间：2018年10月

背景介绍：孩子在活动室内通过不断的尝试，能够自主发现问题、解决自己遇到的实际问题，因此应注重幼儿与区域材料发生真实、有较强针对性的互动。同时，幼儿之间存在较大的能力、水平差异，感兴趣的活动内容也不同，所以幼儿在活动中大多是独立的、个体的，因此，明显的区域划分不但能使幼儿明确不同的游戏内容，从而便于幼儿的选择，而且能给幼儿一个安全、独立的空间，使幼儿能够宽松自在地徜徉在喜爱的游戏中。因此，活动室布置既要是开放的，又要是独立的，利用软间隔使区域既有明显的划分，又留给孩子较大的空间，便于孩子随时自由地进行感兴趣的活动。

环境呈现：见图（2-34、2-35、2-36）①

图2-34　京剧脸谱

图2-35　剪纸

① 王胤敏2018年10月摄于上海市徐汇区科技幼儿园。

图2-36　科学探究"磁力"

环境创设分析：将活动室进行区域划分，如科学区、美工区等。在不同区域放置一些小桌子，把一张小桌子用半隔断的方式分成两个或四个小区域。在各个区域内根据幼儿不同阶段的兴趣与水平，在一个桌面上设置同一主题的不同层次的小活动。教师通过在活动区内进行创设环境，用隐性教育环境支撑幼儿在区域内进行自主探索与学习。幼儿进入活动室能根据自己的兴趣需要，选择某一区域内的活动。活动设置不仅要体现趣味性，吸引幼儿参与，同时要体现活动的阶段性与递进性，保证活动任务能循序渐进地展开，满足不同水平幼儿的活动需求。幼儿在自主选择的活动区内进行自主探索，通过观察区域内教师创设的教育资源进行自主学习，通过围绕某项活动任务进行操作，幼儿在其自有经验的基础上，能够发现问题、解决问题。完成某项小活动后，幼儿建立起自信心，能够对下一活动发起挑战，在一步步探索的过程中积累活动经验，满足幼儿自我构建的需要。

事 例

　　小悠在活动区内玩镜子，拿着平面镜、凸面镜、凹面镜看了又看，摸了又摸。教师询问道："小悠，你有什么新发现吗？"小悠回答道："我发现这个小镜子是平的，这两个小镜子不平，一个是突出的，另一个是凹进去的。"教师继续引导道："你照一照，能发现它们的秘密吗？"小悠呼喊着回答教师："太神奇了，这个凹进去的镜子照的人是倒着的，突出来的镜子照得人好大！"小悠通过自己的观察发现了活动区内两种镜子的不同之处。

　　教师在有镜子的活动区里用图片的形式增添了镜子的不同层次玩法，希望能引导幼儿展开深入的探究活动。小悠来到活动区，观察了图片上的内容，也拿起两个平面镜进行观察："两个、三个、四个、五个……哎呀，有好多镜子啊！"原来小悠将两个平面镜对着照，发现镜子里出现好多好多的镜子。"太好玩了，我看到镜子里面有一串镜子！"小悠兴奋地说出自己的发现。教师指导幼儿用三面镜子再试一试，小悠和另一个同伴把镜子围成三边形，开心地告诉老师她的发现："里面有数不清的镜子，太神奇了！"接着小悠自己用四面镜子围成了四边形，教师这时趁机在中间放了一张彩色的卡片。小悠大声叫道:"我看到镜子里有朵彩色的花,有很多花瓣……"

　　活动区材料的投放千万不能一刀切,幼儿之间存在着不同层次的差异,教师在各个区角投放材料时,应该通过观察,评估每一个幼儿的发展状况,为不同发展水平的幼儿提供不同层次的材料,使材料与幼儿发展的实际水平匹配,切实促进幼儿的全面发展。同一年龄段的幼儿,他们发展的速度也是有差异的。因此,在投放活动材料时,既要考虑发展快的幼儿,也要考虑发展慢的幼儿,有时还要兼顾有特殊需要的幼儿,使每个幼儿都能在适宜的环境中获得发展。

四　主题背景下有风格的活动室设计案例与分析四

(一)幼儿园活动室主题墙创设案例与分析

地点:上海市安庆幼儿园

时间:2018年10月

背景介绍:作为物质环境的幼儿园活动室主题墙,与幼儿的学习生活息息相关。一方面,它能够从感官上带给幼儿有关线条、形状、色彩、构图等因素的刺激,另一方面,它能够在情感上带给幼儿愉悦感和满足感。优秀的活动室主题墙能给幼儿带来潜移默化的影响,在一日生活中逐渐培养幼儿的审美,让幼儿学着主动去发现美,感受美。从某种程度上来说,墙饰创设已经成为幼儿园教育教学的有效手段之一。

　　教师在墙面环境布置中可以融入对幼儿情感的关注,借助环境来表达教师对幼儿的关怀,使幼儿有如沐春风、如润春雨之感,实现"润物细无声"。由此可见,教师在选择环境中墙饰的内容时应该更多地考虑墙饰内容隐含的教育价值,而不能一味地只追求外在的精致、美观。

　　环境呈现:见图(2-37、2-38、2-39、2-40)[1]

　　环境创设分析:此次活动室主题墙的设计采用地中海风格,土黄色打底,大量运用了白色、蓝色和红褐色,缀以星星点点的红色,呈现出典型的地中海特色,整体协调,布局活跃。深蓝浅蓝的交叠使用体现了海浪的形状和层次感,带给幼儿直观的视觉感受;蔚蓝的海洋与白色的村庄连成一片,相映成趣;蓝色的船只、土黄色的绳网、白色的海鸥点缀在海面上,避免了大面积高纯度色或色彩种类过多,颜色搭配合理,给人以简洁明了、清晰凉爽的感觉。同时,选择了做旧的材料,体现了大自然的风吹日晒,贴近幼儿的生活,更能刺激和激发幼儿思考,让幼儿产生共鸣。

---

[1]王胤敏2018年10月摄于上海市安庆幼儿园。

图2-37 "海底总动员"

图2-38 "我的发现"

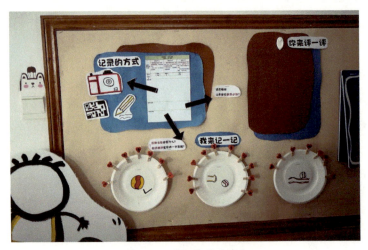

图2-39 "记录的方式"

图 2-40 "一周安排"

事 例

　　大班美术集中教学活动中,教师在分析了凡·高的名画《黄房子》之后,提供了各种颜色的水粉颜料,要求幼儿使用一种或多种颜色画出一幅主题水粉画。A幼儿在老师说完要求之后就立即拿起毛笔开始画画,他先用蓝色画了一座大大的房子,全部涂上蓝色,然后用红色画出了大门以及红红的太阳,最后又用棕色和绿色在房子旁边画了一棵树。教师在看到A幼儿的作品之后,请A幼儿参观主题墙的设计,并问他:"你觉得主题墙的颜色和你的画的颜色看起来有什么不一样?"A幼儿看了看主题墙,想了一下:"主题墙的颜色比我的画颜色少,但是看起来更舒服。""如果请你重新画,你会怎么画?"于是,A幼儿回到了自己的座位,重新开始了画画。这一次他选择了用黄色的水粉颜料画房子,并把窗户和门的位置留出来用橘色填充,又画了一个圆圆的橘色的太阳;用红色在门上画了几朵小花作为装饰;最后用浅绿色画了一棵树。A幼儿画完之后,盯着自己的画看了看,点了点头,拿着画好的画跑去找老师了。

　　从以上案例我们可以看出,A幼儿的两次创作具有明显的区别,第一次幼儿根据自己的想法进行创作,并没有关注到作品色彩使用以及色彩搭配,在第二次活动中幼儿明显开始关注色彩搭配以及布局,同样的内容使用了不同的色彩效果完全不同,教师并没有与幼儿进行过多的交流,而是引导幼儿去关注主题墙的色彩,让幼儿自己去发现问题并做出调整,幼儿的改变就是主题墙隐含价值的最好体现。同时教师需要注意的是,教师虽然是幼儿学习活动的支持者、合作者和引导者,但是对幼儿的支持和引导更应该是隐性的、无意识的,不是要等到开始进行美术创作了才引导幼儿去关注主题墙,而是应当渗透在幼儿的一日生活中,潜移默化地影响。

（二）幼儿园活动室区角环境创设案例与分析

地点：上海市安庆幼儿园

时间：2018年10月

背景介绍：对儿童来说，环境是会说话的，当他们进入幼儿园时，首先能感到环境中的色彩对心理产生的影响，是清新的、温馨的、浪漫的还是烦躁的、冷淡的。发展心理学认为，儿童时期是身心迅速发育时期，也是人一生中最能接受新鲜事物的时期。儿童时期的心理印象会影响人的一生，而它的可变性和波动性很大，因此环境中色彩的影响尤为重要。在以往的经验中，有许多教师认为幼儿园的活动区角色彩应该是鲜艳的，里面布置一些形象的卡通人物，这样对幼儿更加有吸引力。其实不然。强烈的红黄蓝充斥着幼儿的眼睛，整个活动室像打翻的调色盘，幼儿会出现烦躁不安的情绪，大大影响其对美的鉴赏与理解。现在的教师在环境布置的时候会想到温馨、和谐、雅致，选择色彩饱和度较低的粉蓝、粉黄，色彩搭配时会选择相同色、相近色。不同年龄段适合的颜色不同，如小班幼儿活动室就适合暖色，纯度较高的颜色；中班幼儿活动室适合明度高的颜色；大班幼儿活动室运用冷色配合对比色更符合孩子的年龄需要。一个活动室的区角颜色搭配最多不超过三种颜色，搭配的原则是：确定主色，配以辅色，点缀对比色。

环境呈现：见图（2-41、2-42）①

环境创设分析：在"我是中国人"的主题里，应尤为注重从幼儿的生活经验出发，在主题情境下让幼儿充分体验和感受。变以往装饰性的环境为富有挑战性的环境，将主题活动的内容融入整个活动环境之中，在环境的打造中运用了对比比较强烈的中国红和群青蓝，集合主题既体现了中国元素，又把不同的中国元素有机地融合在一起。结合大班幼儿乐于表达表现的特点，这一主题我们扩大了表演区和美工区的面积。在表演区增添了民族舞蹈的视频材料和图片，让幼儿多次观看。这些舞蹈特色鲜明，教师经过精心剪辑和编排，选择了幼儿乐于学习也有能力模仿学习的舞蹈动作，如汉族舞的秧歌十字步，新疆舞

图2-41　"我是中国人"（1）

①王胤敏2018年10月摄于上海市安庆幼儿园。

图 2-42 "我是中国人"(2)

的垫步和摇头,以及藏族舞的甩袖等动作。同时,我们还在表演区投放了民族舞音乐磁带,喜欢跳舞的幼儿可以尝试选择一段民族舞音乐,把学到的舞蹈动作串编成舞蹈。我国的民间艺术种类相当丰富,色彩艳丽的京剧脸谱,素雅的青花瓷,质朴的蓝印花布,惟妙惟肖的剪纸,等等,都是极具代表性的艺术形式。让幼儿在欣赏的基础上探索和创作,可以使他们获得直接的经验,在与材料的互动中对这些民间艺术产生兴趣,进而喜欢和认同这些艺术风格。在美工区利用桌面、屏风、墙面等大量陈列京剧脸谱、蓝印花布,摆放中国瓷器、剪纸作品等供幼儿欣赏,并提供素材让幼儿尝试创作。

事 例

　　今天的活动区时间呦呦和形形在美工区忙碌起来,她们想制作一条有中国特色的裙子,在选择材料的时候因为颜色选择发生了矛盾。形形是个温柔的小女生,在平常的绘画中她最喜欢的颜色就是粉红色,所以在选择材料的时候她首先就选择了粉色的水粉颜料。形形的选择立即遭到呦呦的制止:"我们今天要做的是中国风的裙子,粉色不太适合。""我喜欢粉色,上次我给公主画的粉色裙子老师还表扬我的!"形形反驳道。呦呦拉着形形来到作品主题墙前恳切地说:"你看嘛,这些图片上的衣服都是大红色,或者是深蓝色,这样才有中国风的感觉。"形形接受了呦呦的建议,她们选择了白色的蜡笔,在一块白色的布上重重地画上自己喜欢的图案,画好后轻轻地吹一吹,最后再把画好的布放进调好蓝色颜料的盆子里。从盆子里拿出染好的布时,两个孩子惊讶地叫起来:"我看到了,这是我画的祥云!""这是我画的小鱼……"在老师的建议下,她们又找来一些白色纸盘子,用深蓝色的记号笔在纸盘上设计出独特的青花瓷器图案。等染色的布匹干了之后,她们剪成裙子的形状,上面粘贴上画好的青花瓷纸盘,教室的美工区里又多出了一件具有传统风格的作品。

配合"我是中国人"的主题活动,在益智区我们有很多现成的益智玩具,如中国地图拼板、各少数民族图文对应插板等。在建构区我们会引导和鼓励幼儿试着来造一造长城,搭一搭天安门城楼,让幼儿通过观察和操作感受富有中国传统特色的建筑风格。除了以上列举的活动区之外,我们还可以根据主题目标设计其他区角活动,如在生活区学习包馄饨、做饺子,在阅读区品味我国的民间故事、神话传说等。在创设主题活动背景下的区域活动环境时,我们不仅仅要考虑主题的内容与目标,更要注重创设丰富和有趣的活动环境,让幼儿积极、主动地投入活动中,引发幼儿的自主学习。

(三)幼儿园活动区材料投放案例与分析

地点:上海市安庆幼儿园

时间:2018年10月

背景介绍:主题活动是一种充分展示智慧和个性的,有意义、有价值的学习活动,老师根据主题目标有计划、有目的地设计区域活动目标,从而有目的地投放活动材料。区域活动是主题活动的重要组成部分,是在主题目标的指导下,教师有目的地引导幼儿开展的系列活动。而主题背景下的区域活动则与当前的教育目标相结合,教育目标随材料的投放在区角内得以实现,材料根据当前主题的进展情况及时更换、调整,以促进孩子的发展。因此,材料投放应具有目标性,根据近阶段的主题目标和幼儿的活动需求及时投放活动材料。

环境呈现:见图(2-43、2-44)[①]

环境创设分析:主题背景下的幼儿园区域活动是在了解孩子最近发展区的前提下随着主题的不断深入而逐渐丰富的,活动区域和内容围绕着主题活动目标创设,它是教师和孩子们集体智慧的结晶,也是孩子们经验提升的体现。每个孩子来自不同的家庭,他们的生活经验、家庭的教育观念大不相同,因此造成了孩子之间能力的差异,老师投放材料的

图2-43 建构区

---

①王胤敏2018年10月摄于上海市安庆幼儿园。

图2-44　扇面制作与书画欣赏

时候要考虑到层次性与递进性,以满足每个孩子发展的需要。同时,在一个年龄层次上的幼儿由于性别不同、发展层次不同,兴趣需要也有所不同。因此,在选择投放材料时应结合本班幼儿兴趣投放。

事例

　　在大班主题"我是中国人"开展之前,老师通过调查问卷和谈话的形式对幼儿的兴趣和原有经验做了前期的了解,发现孩子们对中国传统故事、传统艺术、传统建筑等方面的话题比较感兴趣,所以在区角划分和材料提供上面做了相应的调整。在美工区,老师提供一些陶瓷、青花瓷的图片和实物供孩子们观察欣赏,操作任务是在瓷器上作画。老师为幼儿提供各种大小不同的瓷器盘子、碗,各色水彩颜料、大小不同的毛笔,供幼儿选择作画。还提供了若干有关瓷器的范例图片及实物(有古代的和现代的)。在幼儿自由游戏中,老师为瓷器作画的不同层次的孩子提供了不同的材料。如第一层次中,孩子们通过选择自己喜欢的瓷器(盘子或碗)进行欣赏,"发现瓷器的美"。第二层次中,老师给孩子们提供一些传统瓷器上的纹样和图案,用图片的形式展示在区角主题墙上,让幼儿尝试用对比色及类似色的方法有规律地"表现花纹",设计一些现代的瓷器花纹。第三层次中,为了让幼儿能够感知和表现中国古代瓷器图案的美,老师提供了一些有完整图案的瓷器和中国有名的瓷器图案的图片,幼儿在与材料的互动中能从前至后、从下往上地感知、表现古代瓷器图案(如山水、花草、人物)等特征。

　　在建构区,孩子们确定的主题是家乡的亭子,而亭子那种立柱架空、飞檐翘角的建筑特点对孩子们来说在建构过程中会有一定的难度,所以在材料提供上老师也分成了三个层次来进行投放。第一层次老师投放的材料是孩子们的美术作品"家乡的亭子"和有关亭子整体和部分的图片。孩子们在分析图片的过程中了解亭子的建构特点。第二层次老师为孩子们提供很多搭建亭子的材料：积木、塑料积木、相同大小的纸筒和纸盒。根据材料的不同外形和重量为幼儿的搭建提供支持。对于第三层次的材料提供，老师从具象材料向抽象材料偏移，给幼儿提供一些故宫建筑的视频资料，更有力地解决幼儿在搭建中关于亭子的牢固程度、对称性、搭法的问题。

主题背景下区域活动材料适宜的投放是保证活动区开展成功的关键一步。它主要凭借教师对于主题活动的解读与认识、对于幼儿身心发展特点的了解和选取活动材料的教育技巧。只有这样，才能为幼儿提供适当的游戏情景，使幼儿在和同伴之间、师生之间以及和各种玩具材料之间的相互作用中发现、获得实际经验，认识周围世界，进而获得身心和谐的发展。全体幼儿是区域活动材料的操作者，所以每个教师应该投放一系列适合幼儿发展的以主题背景为前提的区域活动操作材料，来激发幼儿的活动动机，从而调动幼儿活动的主动性、积极性、创造性，使区域活动材料更好地为不同幼儿的自主性及个性和谐发展服务。

第三章

幼儿园管理环境创设案例与分析

　　幼儿园环境是重要的隐性课程,幼儿园教师常常会将班级管理的相关要求或一些程序性知识通过环境创设设置在周围的环境中,一般通过规则提示、程序说明等进行表达,与环境融为一体,既美化环境,又能起到引导幼儿行为的作用,一举两得。

 幼儿园活动区管理环境创设案例与分析

(一)幼儿园活动区规则提示图实训成果案例与分析[①]

地点:湖州师范学院

时间:2016年5月

背景介绍:幼儿园班级管理的基本理念是通过环境生动形象地把规则融入其中,幼儿在环境中与环境产生交互作用,在互动中学习环境提示的相关信息,从而获得教育性经验。设置区角活动的规则提示图,既有利于幼儿快速准确地了解各个区角的规则,也有利于避免教师因过多重复区角规则而疲劳过度和幼儿因多次重复心理上产生排斥的情况。

环境呈现:见图(3-1、3-2、3-3、3-4、3-5、3-6)[②]

图3-1　自然角活动规则

图3-2　娃娃家活动规则

[①]学生通过教师的指导,遵循科学的环境创设理念,将活动区规则融入环境创设中。本次环境创设为"幼儿园班级管理"课程教学成果之一,指导教师赵海燕。

[②]赵海燕2016年5月摄于湖州师范学院。

环境创设分析：自然角是幼儿园常见的活动区角之一，引导幼儿学会爱护动植物，护理动植物，养成良好的观察与记录的习惯，既有利于幼儿学会整理观察经验，更有利于幼儿提升逻辑思维能力。提示图生动形象地表达了植物希望获得的照顾，把自然角的特色表现了出来，同时还能把规则融入其中，有效帮助幼儿掌握自然角的要求。娃娃家是小班的常设活动区，娃娃家一般布置得十分温馨、童趣十足，提示图以生动的画面将区角规则融入其中，十分难得，幼儿能够一目了然地理解规则，对于小班的幼儿来说十分适宜，在趣味性十足的提示图的引导下，幼儿会很开心地投入区角游戏活动。

图3-3　建构区活动规则

图3-4　阅读区活动规则

环境创设分析：建构区是幼儿动手能力发展的重要场所，对幼儿空间能力的发展有着十分重要的价值。提示图中主要针对建构区的活动规则进行了形象说明，特别是人数限制和合作游戏方面，能够帮助幼儿有意识地去协调其他幼儿，关注整个游戏区的环境，有利于培养幼儿的全局观和合作能力。阅读区是培养幼儿阅读能力的重要场所。阅读区需要比较安静的环境，提示图能够根据阅读区的需要把规则用生动形象的画面进行展示，便于幼儿理解和掌握，不过，提示图中文字部分还需要更精练一些。

图3-5　美工区活动规则

图3-6　表演区活动规则

环境创设分析：美工区和表演区的提示图形象生动,便于幼儿理解和掌握,特别是美工区的提示有安全方面的内容,也有不容许做的行为,人数的规定也有要求,但由于提示图给人的感觉有点乱,所以并不是很有秩序感。表演区提示图比较规范,没有零乱感,但由于文字表述比较复杂,不适合幼儿发展需要,同时因为色彩的原因,也不利于幼儿进行阅读。

(二)幼儿园活动区规则提示图案例与分析

地点：浙江省湖州市实验幼儿园东部园区

时间：2019年5月

背景介绍：通过规则提示图培养幼儿遵守规则的意识,能够帮助幼儿理解规则,培养幼儿识图能力和看规则并遵守规则的良好习惯,并且能够减少教师的重复劳动,营造有秩序的幼儿园班级环境。

环境呈现：见图(3-7、3-8、3-9、3-10、3-11、3-12)①

图3-7　小班美工区规则

图3-8　小班表演区规则

图3-9　小班科学区规则

图3-10　中班科学区规则

---

①赵海燕2019年5月5日摄于浙江省湖州市实验幼儿园东部园区。

图3-11　小班科学区规则　　　　　　　图3-12　小班建构区规则

环境创设分析：幼儿园小、中班区角规则提示图比较形象生动，以图说理明确而具体，很方便幼儿理解，同时色彩鲜艳，有较强的审美特征，作为欣赏也不错，避免幼儿产生排斥心理。

二 幼儿园活动室管理环境创设案例与分析

（一）幼儿园签到规则提示图案例与分析

背景介绍：签到是幼儿入园活动的一个重要环节，幼儿养成签到的良好习惯是班级管理的第一步，不同幼儿园的不同班级基本都有关于签到的相关管理，一般均采用比较直观的签到方式，便于幼儿明确一个信息：今天我到班里了。

环境呈现：见图（3-13[①]、3-14[②]）

图3-13　"咕噜咕噜"幼儿签到　　　　　图3-14　"小花"幼儿签到

---

①实习生2016年11月摄于浙江省杭州市钱塘春晓幼儿园春晓园区。
②赵海燕2017年11月摄于浙江省杭州市三里亭幼儿园。

环境创设分析:无论是小汽车或是小花幼儿签到管理提示图,都很生动、形象地帮助幼儿做好签到,找到自己的照片放在相应的位置,有助于幼儿明确签到规则,做好相应的操作。

(二)幼儿园一日生活安排提示图案例与分析

　　背景介绍:一日生活安排是签到后明确自己在幼儿园一日生活的基本节奏,有利于幼儿把握自己的生活,安排好自己的生活,养成自我规划的良好习惯,明确幼儿园生活的基本节奏,具有培养幼儿安全感的作用。

　　环境呈现:见图(3-15①、3-16②、3-17③、3-18④)

图3-15　"入园五部曲"

图3-16　"我们的约定"

图3-17　"进门五件事"

图3-18　"我的餐后活动"

---

①赵海燕2019年5月5日摄于浙江省湖州市实验幼儿园东部园区。
②实习生2016年9月11日摄于浙江省杭州市钱塘春晓幼儿园春晓园区。
③实习生2016年9月11日摄于浙江省杭州市钱塘春晓幼儿园春晓园区。
④实习生2016年9月11日摄于浙江省杭州市钱塘春晓幼儿园春晓园区。

环境创设分析：提示图具有较强的指向性，生活安排的流程清晰，图片生动形象、意义明确、色彩和谐，便于幼儿理解。

（三）幼儿园值日规则提示图案例与分析

背景介绍：值日是大部分幼儿园都会采取的一种班级管理办法，由幼儿轮流做值日生，帮助管理好班级，并起到带头示范作用，这有助于培养幼儿责任心和荣誉感。

环境呈现：见图（3-19①、3-20②、3-21③、3-22④）

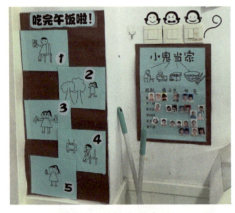

图3-19 "小鬼当家"

图3-20 "我为班级做服务"

图3-21 "值日我最棒"

图3-22 "小小值日生"

环境创设分析：提示图色彩鲜艳、形象逼真、分类明确，方便值日幼儿明确自己的职责和掌握相应值日内容的要求。

---

①实习生2016年9月摄于浙江省杭州市钱塘春晓幼儿园东方郡园区。
②实习生2016年9月摄于浙江省杭州市钱塘春晓幼儿园东方郡园区。
③赵海燕2017年11月摄于浙江省杭州市三里亭幼儿园。
④赵海燕2019年5月5日摄于浙江省湖州市实验幼儿园东部园区。

(四)幼儿园饮水规则提示图案例与分析

背景介绍:饮水是幼儿重要的生活内容之一,帮助幼儿学习管理身体健康,养成良好的饮水习惯是十分重要的。

环境呈现:见图(3-23①、3-24②、3-25③、3-26④)

图3-23　"你喝水了吗?"

图3-24　"喝水日记"　　　　　图3-25　"饮水安全与程序"

①赵海燕2019年5月5日摄于浙江省湖州市实验幼儿园东部园区。
②实习生2017年10月摄于浙江省绍兴市鲁迅幼儿园。
③实习生2017年10月摄于浙江省绍兴市鲁迅幼儿园。
④实习生2017年10月摄于浙江省绍兴市鲁迅幼儿园。

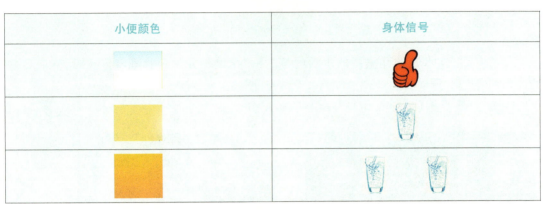

小便颜色	身体信号

图3-26　饮水身体信号

环境创设分析：图3-23、图3-24，提示幼儿饮水并学习记录饮水多少，图3-25提示幼儿饮水程序并注意饮水操作的安全，图3-26帮助幼儿了解饮水与小便颜色的关系，帮助幼儿理解适当饮水的重要性，便于培养幼儿良好的饮水习惯。

（五）幼儿园情绪管理规则提示图案例与分析

背景介绍：情绪管理是幼儿社会性发展的重要内容，幼儿情绪外在表现十分明显，引导幼儿认识自己的情绪，渐渐地学习管理自己的情绪，是提高幼儿社会交往能力的重要基础，也是身心健康的重要标志。

环境呈现：见图（3-27）[1]

图3-27　"今天的心情是？"

环境创设分析：通过三个表情生动、色彩鲜艳的可爱娃娃头像，帮助幼儿认识自己的情绪，并进行情绪分类，进一步确认自己的情绪，知道要保持高兴的情绪才是对身体健康有益的。

---

① 赵海燕2017年11月摄于浙江省杭州市三里亭幼儿园。

(六)幼儿园习惯养成规则提示图案例与分析

背景介绍:习惯的养成是一个十分缓慢的过程,教师的引导和示范是必不可少的,不过,通过环境的提示帮助幼儿养成良好的习惯更是十分方便而有效的。

1. 垃圾处理卫生习惯养成规则提示图

环境呈现:见图(3-28)①

图3-28 "废品回收站"

环境创设分析:垃圾处理与垃圾分类不仅是培养幼儿良好的卫生习惯的重要内容,也是环保意识养成的重要内容,通过色彩鲜艳、生动形象的图示,在干净的垃圾箱边做好环境布置,暗示着做好垃圾分类处理对环境的重要性,对幼儿养成良好的处理垃圾的行为十分有效。

2. 物品管理习惯规则提示图

环境呈现:见图(3-29)②

图3-29 物品分类管理区

---

①赵海燕2017年11月摄于浙江省杭州市三里亭幼儿园。
②实习生2017年11月摄于上海市听潮艺术幼儿园。

环境创设分析:幼儿时期是秩序感发展的关键时期。做好物品分类管理,学习整理自己的物品,进而对玩具、学习用品进行分类管理等,是幼儿时期重要的内容,也是幼儿生活管理能力发展的重要内容,在幼儿园的每个班级内设置专门的区域帮助幼儿进行物品管理是十分必要的。图片中通过幼儿照片、专门小格子引导幼儿学习分类整理自己的物品。

3. 洗手卫生习惯养成规则提示图

环境呈现:见图(3-30、3-31、3-32)[1]

图3-31　六步洗手法(2)

图3-30　六步洗手法(1)

图3-32　六步洗手法(3)

环境创设分析:六步洗手法通过简单明了的六张洗手图示,引导幼儿学会洗手,养成爱卫生的好习惯,同时通过以点代数的方式帮助幼儿了解不同的步骤,蕴含数数的内容,孩子们很感兴趣。

 幼儿园其他区域管理环境创设案例与分析

(一)幼儿园如厕规则提示图案例与分析

背景介绍:培养幼儿的生活规则意识,养成良好的生活习惯是幼儿园生活教育的重要内容,幼儿生活习惯的养成不是一蹴而就的,而是在不断耐心指导下慢慢养成的。这过程中,幼儿园教师常常与幼儿一起约定一些生活规则图解,既有利于幼儿理解,也能在恰当的地方妥当地提示幼儿,还能避免教师不停地去指导幼儿的重复性教育而引起的双方倦怠。研究表明,通过生活规则、教学规则和游戏规则等的提示图,取得了十分理想的教育效果,应大力推广。

---

①赵海燕2017年11月摄于浙江省杭州市三里亭幼儿园。

环境呈现：见图（3–33）①

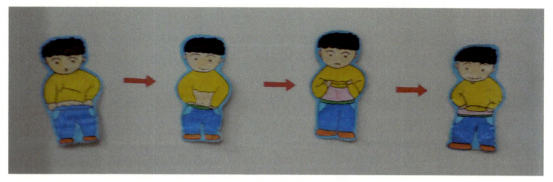

图3–33　小班幼儿如厕顺序

环境创设分析：小班幼儿离开家庭踏入幼儿园，很多还不能够独立如厕，需要教师手把手指导。幼儿在最初学习了如何如厕之后，独立如厕的时候常常忘记或颠倒顺序，教师把如何如厕的顺序通过图解的形式张贴在厕所，幼儿按图进行如厕，既能帮助幼儿顺利如厕，还可减少幼儿焦虑，提高幼儿的自信心。

（二）幼儿园交通规则提示图案例与分析

背景介绍：在幼儿园里，幼儿常常会因为碰撞而发生一些不必要的伤害，一些幼儿园通过环境创设，引导幼儿学习交通规则，大大减少了幼儿相互碰撞的事件。

环境呈现：见图（3–34、3–35）②

图3–34　楼梯交通规则（从下往上）

图3–35　"小心地面"

环境创设分析：楼梯是幼儿常常发生碰撞的位置，图3–34通过设置两边的扶手、楼梯地面上的可爱形象，引导幼儿遵守靠右走的交通规则，有效达到了有序交通的目的。图3–35通过生动形象的摔跤图提示幼儿小心厕所地面，防止滑倒，做到行走安全。

---

① 赵海燕2017年11月摄于浙江省杭州市三里亭幼儿园。
② 赵海燕2017年11月摄于浙江省杭州市三里亭幼儿园。

四　幼儿园班级学习管理环境创设案例与分析

　　环境教育是人类对周围环境越来越重视和关心的必然发展趋势,是人类为了关怀、保护与利用环境而实施的教育,更是人类可持续发展的必然诉求。1972年,联合国在瑞典的斯德哥尔摩召开人类环境会议,指出"解决世界环境危机的最佳工具就是发展环境教育"。环境教育是通过隐性课程实现的,环境即隐性课程,把环境教育和幼儿园课程结合在一起,针对三至五岁的儿童,通过自然环境、人文环境强化幼儿的感官体验,丰富幼儿与环境的交互作用,让幼儿逐渐内化吸收有益的教育性经验,获得正确判断和感知周围世界的能力是幼儿园高质量教育环境的必备特征。

　　课程与环境是一体的,课程为环境赋予教育的价值,环境体现课程的实践过程和现实价值,两者缺一不可。在整体规划幼儿园环境的同时,还需要时时根据课程发展的需要不断变换教育环境,进行环境管理,特别是与教育活动主题相关的环境,应随着教育活动主题的变换而变换。

(一)幼儿园科学观察与记录提示图案例与分析

　　背景介绍:科学观察与记录提示图是培养幼儿养成良好的观察习惯和记录习惯的重要方式。科学教育过程中,培养幼儿学习观察的方式方法,找到适合自己的记录方式方法,然后把观察结果有序地、详实地进行记录是科学素养提升的·种必要手段。

　　环境呈现:见图(3-36)[①]

图3-36　植物培育与记录

---

①赵海燕2019年5月5日摄于浙江省湖州市实验幼儿园东部园区。

环境创设分析:图3-36是植物培育与记录的程序性提示图,很清晰明确地帮助幼儿学习掌握培育植物和进行记录的程序和方法,十分生动形象,方便幼儿理解和学习操作。

(二)幼儿园运动记录展示图案例与分析

背景介绍:运动记录展示图帮助幼儿明确自己运动的过程和结果,了解自身运动能力的发展情况,有利于幼儿更进一步地了解自己的身体及运动情况。

环境呈现:见图(3-37、3-38、3-39)①

图 3-37 "我会拍球"

图 3-38 "拍球记录"

图 3-39 "拍球榜"

环境创设分析:以上三种记录幼儿拍球的展示图是针对不同年级幼儿的。图3-37是小班幼儿拍球展示图,这时幼儿刚刚学习拍球,一般还以个位数进行记数,所以多一次球、两次球幼儿都会要求进行记录,以便于幼儿清楚地知道自己的拍球情况,有利于幼儿提高拍球技能。图3-38、3-39则分别是中班、大班幼儿拍球展示图,这时期幼儿基本比较熟练地掌握了拍球技能,更多的幼儿发展出各种各样的拍球技能,对增加几次拍球的数量不再

---

① 赵海燕2019年5月5日摄于浙江省湖州市实验幼儿园东部园区。

执着了,这时候可以进行分段记录和不同拍球方式的记录了,图3-38、3-39符合幼儿的拍球实际情况和幼儿对拍球关注点的变化。

(三)幼儿园绘画过程展示图案例与分析

背景介绍:幼儿绘画能力的发展是艺术能力发展的重要体现,幼儿绘画技能是幼儿绘画能力发展的一个方面,训练幼儿的绘画技能,学习绘画的技能技巧是幼儿园美术教育的重要内容。

环境呈现:见图(3-40、3-41)[①]

图3-40　蜗牛绘画过程　　　　　　　　图3-41　熊猫绘画过程

环境创设分析:绘画过程图引导幼儿掌握绘画的程序和技能,过程图清晰明了,有利于提高幼儿读图和学习技能的发展。

(四)幼儿园阅读展示图案例与分析

背景介绍:阅读能力是幼儿的必备能力之一,在幼儿园阅读能力主要体现在前阅读能力的发展方面,主要指图片的阅读能力。养成良好的阅读习惯,喜欢阅读的行为和态度体验是幼儿园阶段的重要教育任务。

环境呈现:见图(3-42)[②]

环境创设分析:幼儿自制的好书推荐图体现了幼儿阅读心得和绘画能力的发展,既能够再次引导幼儿回忆和梳理自己的阅读体验,又能够帮助幼儿进行理性思考,发展逻辑思维能力和表现能力。

此外,幼儿园家园联系、健康信息快递、班级大事记等众多内容都可以通过图示的方式进行展示和管理,环境是幼儿与幼儿教师进行自我管理和班级管理的一种重要且不可或缺的手段,幼儿在与环境的互动中不断获得经验,促进其不断发展。

---

① 赵海燕2017年11月摄于浙江省杭州市三里亭幼儿园。
② 赵海燕2017年11月摄于浙江省杭州市三里亭幼儿园。

图 3-42 "好书推荐"

(五)"青花瓷"课程学习环境创设案例与分析

地点：浙江省杭州市三里亭幼儿园

时间：2017年11月

背景介绍：青花瓷即白底釉下蓝花的瓷器。青花瓷约始于有物可考的元延祐六年（1319年），十分受文人青睐，后世多有对青花瓷的研究与仿制，俨然成为一股文化潮流。为了感受中国瓷器文化，学习装饰，培养幼儿的亲手操作能力，发展幼儿感受美、体验美、创造美的核心经验，青花瓷成为我们选择的一个重要的主题。

环境呈现：见图（3-43、3-44、3-45、3-46、3-47、3-48）[1]

图 3-43 "青花瓷"课程墙面环境创设

---

[1] 赵海燕2017年11月摄于浙江省杭州市三里亭幼儿园。

图 3-44　青花瓷图案设计幼儿作品(1)

图 3-45　青花瓷图案设计幼儿作品(2)

图 3-46　青花瓷图案设计活动

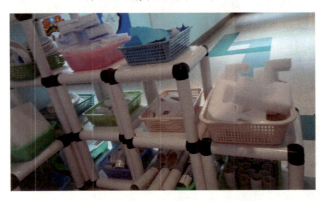

图 3-47　活动区材料

图 3-48　青花瓷样品

环境创设分析:青花瓷图案设计活动以美工活动为依托,主要通过感受青花瓷的美,观察青花瓷的纹样,模仿或创新青花瓷纹样,从纸袋设计、瓶身设计、布匹设计等平面设计,渐渐过渡到立体设计,如罐子、蛋壳、瓷瓶、伞面、包装盒、挂饰等,有各种各样的形状和式样,丰富幼儿的创作种类,激发幼儿的创作兴趣。

　　"青花瓷"课程实施环境的创设体现了青花瓷文化作为课程资源进行有效开发的过程,从青花瓷的介绍入手,展现青花瓷样品,帮助幼儿感受青花瓷的美,了解青花瓷图样、色彩等特征,并提供多种多样的操作材料,塑料瓶、纸筒、纸盘、纸碗、纸板、泡膜、蛋壳、颜料、画笔等,为幼儿进行活动提供了丰富的物质基础。

（六）"桥这一家子"课程学习环境创设案例与分析

地点：浙江省杭州市三里亭幼儿园

时间：2017年11月

背景介绍：杭州市连通江、河、湖、溪、海，是一座有着十分深厚桥文化底蕴的中外著名的历史文化名城，杭州市桥文化内涵十分丰富，关于桥的诗词歌赋、碑刻、故事、传说、神话等种类繁多，挖之不尽。为弘扬杭州桥文化，培养幼儿爱家乡的情感，增强民族自尊、自豪感，幼儿园设计了"桥这一家子"主题课程。

环境呈现：见图（3-49、3-50、3-51、3-52、3-53、3-54、3-55、3-56、3-57、3-58、3-59、3-60、3-61）①

图3-49　"桥这一家子"课程墙面环境创设

图3-50　《桥这一家子》模型样品

①赵海燕2017年11月摄于浙江省杭州市三里亭幼儿园。

图3-51 《桥这一家子》幼儿作品(1)

图3-52 《桥这一家子》幼儿作品(2)

图3-53 《桥这一家子》
幼儿作品(3)

图3-54 《桥这一家子》
幼儿作品(4)

图3-55 《桥这一家子》
幼儿作品(5)

图3-56 《桥这一家子》幼儿作品(6)

图3-57 《桥这一家子》幼儿作品(7)

图3-58 《桥这一家子》幼儿作品(8)

图3-59 《桥这一家子》幼儿作品(9)

图3-60　《桥这一家子》幼儿作品(10)　　　　图3-61　《桥这一家子》幼儿作品(11)

环境创设分析:通过幼儿家长带领幼儿参观杭州市不同的桥,感受桥的结构形态、色彩、材料、作用等特征,再通过谈话活动谈谈幼儿见到的桥,最后讨论:"如果我是桥梁设计师,我想设计什么样的桥?"由感性经验上升到理性思考,培养幼儿的设计能力。

通过不同桥的照片,幼儿领略到不同桥的外形变化。教师展示桥的模型,幼儿设计的桥,不同的材料制造的桥,不同造型的桥(如梁式桥、拱式桥、刚架桥、斜拉桥、悬索桥等),使幼儿通过系列课程充分体验了桥文化。

(七)幼儿园田园课程学习环境创设案例与分析[①]

地点:四川省成都市新都区第一幼儿园

时间:2016年10月

背景介绍:四川省成都市新都区第一幼儿园以田园课程为特色,田园课程具有浓烈的地方特色和生活气息,贴近大自然,贴近幼儿生活,符合幼儿的"知识生长"特点,体现了中国元素与西方教育理念的交融、传统文化资源与乡土文化资源的整合。该幼儿园力求以朴素的自然环境给予幼儿生活常态下的田园课程教育。

1. 室内环境创设

(1)活动区环境创设

环境呈现:见图(3-62、3-63、3-64、3-65、3-66、3-67、3-68)

图3-62　美工区(1)　　　　　　　　图3-63　美工区(2)

---

①照片均为四川省成都市新都区第一幼儿园提供。

图 3-64 美工区（3）

图 3-65 美工区（4）

图 3-66 美工区（5）

图 3-67 美工区（6）

图 3-68 坝坝筵——九斗碗区角环境创设

环境创设分析：人文教育是尊重人的天性、彰显人的个性、关怀人的生命的教育。《幼儿园教育指导纲要(试行)》中说"幼儿园教育是基础教育的重要组成部分,是我国学校教育和终身教育的奠基阶段",同时,心理学的研究成果表明,幼儿期是人格养成的关键时期,人文教育对幼儿生命成长、个性养成、精神塑造有着不可替代的价值。因此,幼儿园物质环境创设过程中既要考虑幼儿园自身的物质基础,将物质环境创设融入幼儿园地理环境,依形就势,既可保留本身地理环境的优势,同时也可将儿童文化、教师文化、幼儿园文化、地方文化、民俗文化等内容在环境创设中进行体现。该幼儿园立足地方文化,选取地方自然环境、民俗文化等相关课程资源,运用情景化创设手法、丰富多彩的表现形式、趣味化造型特色,给幼儿创设了一个自在农家、乐在农家、幸福农家的氛围,充分体现了幼儿园田园课程特色。

(2)幼儿美工作品展示

环境呈现：见图(3-69、3-70、3-71、3-72、3-73、3-74、3-75、3-76、3-77)

幼儿作品创作分析：原生态材料是幼儿进行活动时十分有价值的材料之一,既能够在与材料的互动中认识材料的原初形态,感知材料的色彩、质感、温度、粗细、软硬等物理特性,对各种树皮、树枝、树干、树根、树叶、果实等材料的探索还满足了幼儿亲近自然的愿望。

图3-69　竹篮、竹筒、瓦片装饰作品

图3-70　竹篮、竹伞装饰作品

图3-71　竹刷、石头装饰作品

图3-72　竹筛装饰活动(1)

图3-73　竹筛装饰活动(2)

图3-74　竹筛装饰作品

图3-75　树根装饰活动

图3-76　树根装饰作品

图3-77　树皮、树干与树根装饰作品

（3）走廊墙面环境创设

环境呈现：见图（3-78、3-79、3-80、3-81、3-82、3-83）

环境创设分析：用幼儿的绘画作品、印染作品装饰走廊，既美观，又能让大家进行欣赏，一举两得。这样的环境装饰，体现了中国传统文化特色和西方文化艺术特色，再配合田园风格，十分和谐，能全面发展幼儿艺术能力。

图3-78　中国风吊饰

图3-79　簸箕装饰品

图3-80　簸箕组合图

图3-81　竹筛、竹爬组合装饰

图3-82　"农家四重奏"

图3-83　"艺术的每个细胞动起来"

2. 户外环境创设

环境呈现：见图（3-84、3-85、3-86、3-87）

图 3-84　幼儿种植

图 3-85　幼儿秋收

图 3-86　幼儿采摘

图3-87　幼儿攀树

　　环境创设分析：幼儿园户外环境以尽量保留自然生态环境为前提，设置相应的活动环境，为幼儿提供种植、采摘、编织或攀登等游戏活动的条件。环境创设应符合幼儿运动需求，一方面需要考虑运动项目的物质环境和精神环境，另一方面还需要考虑儿童身高和运动发展的特点。符合运动需求的环境创设可以设计合理的运动项目，可配合运动示意图、运动项目发展史简介、运动游戏规则图示等，既让幼儿对运动项目的发展知识有所了解，还融入了游戏、运动规则等内容，让幼儿学习到更多的玩法，甚至可以设计一块空白版面让幼儿自己设计游戏规则，这样，游戏就成了不断去探索的新领域，充满了吸引力。

（八）幼儿园科学课程学习环境创设案例与分析[①]

　　地点：四川省成都市温江区实验幼儿园

　　时间：2016年11月

　　背景介绍：《3—6岁儿童学习与发展指南》指出："幼儿科学学习的核心是激发探究兴趣，体验探究过程，发展初步的探究能力。成人要善于发现和保护幼儿的好奇心，充分利用自然和实际生活机会，引导幼儿通过观察、比较、操作、实验等方法，学会发现问题、分析问题和解决问题；帮助幼儿不断积累经验，并运用于新的学习活动，形成受益终身的学习态度和能力。"提供丰富的探究环境和材料是科学活动有效化的基本途径，为此幼儿园对班级环境、走廊过道环境、功能室环境、户外环境进行了整体创设。

1. 班级科学环境创设

　　（1）主题墙科学环境创设

　　环境呈现：见图（3-88）

---

①照片均为四川省成都市温江区实验幼儿园提供。

图3-88　中班活动室科学主题墙

环境创设分析："我从哪里来""我们和水做游戏""爱护水资源"这三个中班主题墙环境创设图文结合，图多文少，层层递进，从科学核心经验的培养出发，引导幼儿思考、探究水的循环过程，从而了解水的三态变化，跟生活紧密联系。通过观察、收集相关信息，并对信息进行分析与整理，发展幼儿的逻辑思维能力。再以游戏为切入点，亲自感受在与水做游戏的过程中水的特性，了解水对人们生活的巨大帮助，最后再点出怎么爱护水资源，这是符合幼儿的认知规律、学习方式的。

（2）科学活动区环境创设

环境呈现：见图（3-89、3-90）

图 3-89　中班科学活动区

环境创设分析：在"蚕的饲养""旋转""色彩的变化"三个活动区中，实物和图片都有提供，还有图示说明，能引导幼儿了解相关知识，同时可以锻炼幼儿的动手操作能力，通过亲自操作获得相关经验，并学习记录相关经验，还可以做科学游戏，十分吸引幼儿。

图 3-90　大班科学活动区

环境创设分析:镜子、水、温度等都是大班幼儿科学探索的主要内容,为幼儿进行相关探索提供丰富的物质材料是幼儿园进行科学活动的基础,能够在科学活动区自由探索获得相关经验对幼儿而言是十分必要的。材料越丰富、种类越多,越能够激发幼儿活动的探索性。

2. 走廊过道科学环境创设

环境呈现:见图(3-91、3-92、3-93、3-94)

图 3-91 "森林探索"

图 3-92 "小水滴的旅行"

图 3-93 "机器人"

图 3-94 "蚂蚁"

环境创设分析:"森林探索""小水滴的旅行""机器人""蚂蚁"等走廊过道环境创设主题内容丰富,功能多样,既有供幼儿观赏、了解的部分,也有可动手操作与其进行互动的部分,适合不同年龄段的幼儿。

3. 科学探究室环境创设

环境呈现:见图(3-95、3-96、3-97、3-98、3-99、3-100、3-101)

环境创设分析:科学探究室是幼儿园常设的功能室之一,拆装、容量、平衡、重量、旋转、声音、沉浮、色彩、光影、能量等都是幼儿园科学探究室常设的内容主题,创设环境时把幼儿科学探究过程中的做法记录下来并粘贴在墙上以供幼儿观察,既可以帮助幼儿树立信心,还可以为其他幼儿提供操作的范式。引导幼儿多动脑动手,创造出更多的操作方式,再进行粘贴展示,能够给幼儿极大的鼓励;而在环境中进行规则提示,提醒幼儿遵守探究室某一类材料操作的规划,能够帮助幼儿养成遵守规则的良好习惯。

图 3-95 玩具拆装区

图 3-96 容量探索材料(1)

图 3-97 容量探索材料(2)

图 3-98 能量探索材料

图 3-99 地质探索材料

图 3-100　机械运动探索材料

图 3-101　声音探索材料

4. 户外科学环境创设

环境呈现:见图(3-102、3-103、3-104、3-105、3-106、3-107、3-108、3-109、3-110、3-111、3-112)

图 3-102　风力小屋

图 3-103　风与磁力

环境创设分析:风、磁力通过不同样式的小屋来表现,既考虑到在不同天气下对探究材料的保护,也进行了区域的划分,增强了游戏性。

图 3-104　光影小屋

环境创设分析:光影及其成像是十分有趣的科学现象,在小屋里,设置了一个相对较暗的环境,有利于幼儿观察光影的变化与成像。

图 3-105 重量与平衡

环境创设分析:重量、平衡、力量、杠杆等相关经验在幼儿的游戏中得到充分体验,加上材料丰富、种类颇多,幼儿乐此不疲。

图 3-106 声音的传播

环境创设分析:声音是奇妙的,不同材料对声音的传播能力也是不一样的,学习去聆听不同的声音传播是很奇妙的经验。

图 3-107 创意沙趣区

环境创设分析:玩沙是幼儿园常见的科学游戏,图中幼儿园通过沙坑、各种玩沙工具、高低不同的木桩等,提供了玩沙和平衡等相互结合的游戏,很有创意。

图3-108　棋石漫步区

环境创设分析:棋石漫步满足幼儿对不规则行走的喜爱,能够锻炼幼儿身体平衡与协调能力,加深对不规则图形的认识。

图3-109　投掷

图3-110　滚动

环境创设分析:球类运动是幼儿十分喜爱的运动项目之一,对力量的传输与球运动的掌握可以帮助幼儿更好地控制物体运行。

图3-111　种植

图3-112　饲养

　　环境创设分析: 作物种植与动物饲养是幼儿必不可少的有益经验,对生命的概念由此慢慢获得发展,收获的喜悦又会加深这种体验。

　　总体来说,该幼儿园确定的结合幼儿园科学教育特色,创设生活化的科学教育环境,以适宜的教玩具丰富科学教育环境,发挥环境的教育功能的思路是可行的。幼儿学科学具有直观性和活动性的特点,他们是用自己的亲身体验去充分感知事物来获得发展。来自于生活中的材料幼儿既熟知也喜欢,利用生活资源创设的环境能极大地激发幼儿的游戏兴趣和探究愿望。

第四章

幼儿园室内其他区域环境创设案例与分析

 幼儿园编织活动室环境创设案例与分析①

地点:浙江省杭州市西湖区紫荆幼儿园

时间:2018年12月19日

背景介绍:美工活动对于每所幼儿园来说都是必不可少的项目之一。美工活动因其涵盖面非常广泛,呈现的艺术形式又琳琅满目,对儿童的审美、创造有着十分重要的意义,因此深受孩子和老师们喜爱。而在众多美工活动中,传统的编织活动因技术含量高而不通用于幼儿园。但紫荆幼儿园的老师们发现,其实孩子们对看似离儿童生活遥远实际却充满生活每一角落的"编织"充满了好奇和兴趣:他们会去关注毛线如何编织成毛衣,关注不同材料在编织中呈现的美感,关注编织小饰品给生活带来的小惊喜。同时,孩子们在编编织织的过程中提高了动手能力、理解能力、专注能力等。为此,幼儿园特意开发了一间功能室,提供丰富适宜的编织材料,供幼儿们尝试和操作。

环境呈现:见图(4-1、4-2、4-3、4-4)②

图4-1　幼儿园美工区

图4-2　幼儿园编织活动室(1)

---

①文本提供:浙江省湖州市德清县新市镇士林中心幼儿园张益丽。

②张益丽2018年12月19日摄于浙江省杭州市西湖区紫荆幼儿园。

图 4-3　幼儿园编织活动室(2)　　　图 4-4　幼儿园编织活动室(3)

　　环境创设分析:从整体来看,紫荆幼儿园创设的"编织"功能活动室面积并不大,但布置得温馨而合理。首先,开放式的矮柜与架子便于幼儿发现和挑选合适的材料;其次,空间的设置有高有低,留有充分的地方展示幼儿的编织作品;再者,提供的编织材料种类齐全,既有粗细不同的毛线,也有色彩齐全的彩带;不仅如此,提供的辅助材料也非常多元,同时经过巧妙改造降低了编织的难度,让孩子们更容易操作;为了激发儿童主动学习的兴趣,还提供了图示的支架,让孩子们能顺利探索、体验成功。

事例

　　编织活动室又迎来了一批小伙伴,她们迫不及待地走向放在一张桌子上的半成品,这是她们上次没有完成的,今天的任务就是要把它们完整呈现! 婷婷是个文静的小姑娘,在班级里也是默默无闻。但是自从接触了编织,她就喜欢上了这个美工活动形式,常常会选择到功能室里来创作。此时她手里拿着十字形的编织半成品,选择了黄绿色毛线,继续在半成品上仔细地缠绕起来。她全神贯注,仔细地重复着手上的动作,也时刻关注两种色彩的交换,形成有规律的间隔。渐渐地,她的织面越来越大,终于完成了作品。当将她的织品挂上渔网墙的时候,她非常满足,还告诉老师:"我下次还要做一个更漂亮的!"

　　的确,创设编织活动室的目的并不是要培养孩子掌握多少编织的技术,而是在学习、创作、表达的同时养成耐心、仔细的学习品质,发展双手的协调性。在编织的过程中,能让孩子找到自信,得到满足,这就是创设的初心所在。

二 幼儿园创意美术室环境创设案例与分析[①]

地点:广东省珠海市容闳国际幼稚园

时间:2018年11月14日

背景介绍:坐落在一座经济繁华、环境美丽的沿海城市,对于容闳国际幼稚园来说,本身就会散发出浓浓的国际范儿,何况幼稚园本身定位就很高,所以在整体规划幼稚园的造型、内部装修、师资配备以及艺术活动等方面都有充分的考虑。不得不说,容闳国际幼稚园的每一个角落都是艺术气息满满:无论是每层楼走廊两边墙壁上的作品,还是每个教室门口的作品,都让人产生了仿佛置身在了美术馆的感觉。

我们很好奇,这么多的艺术作品到底是通过什么渠道产生的呢? 真的是孩子们自己独立完成的吗? 带着疑问我们开始了寻访之旅。当我们踏进她们的“创意美术室”的大门时,眼睛根本来不及看,嘴里除了惊叹外还有赞叹,心里除了佩服外还有信服! 这个创意美术室无论是在整体布局还是个性材料的投放上,无疑是一个相当成功的环境创设代表佳作。当看到孩子们在这里从容地创作、房间角角落落都陈列展示着各种各样的作品时,我们立刻就找到了最开始疑问的答案。

环境呈现:见图(4-5、4-6、4-7、4-8、4-9、4-10)[②]

环境创设分析:我们仔细来分析下容闳国际幼稚园的创意美术室到底在环境创设的时候用了哪些策略,使得它无论在整体还是细节上都呈现出无懈可击的艺术感和吸引力。虽然只有寥寥几张照片,但还是能透露出里面的奥秘。

图4-5 幼儿园创意美术室(1)

图4-6 幼儿园创意美术室(2)

---

①文本提供:浙江省湖州市德清县新市镇士林中心幼儿园张益丽。

②张益丽2018年11月14日摄于广东省珠海市容闳国际幼稚园。

图 4-7 幼儿园创意美术室（3）

图 4-8 幼儿园创意美术室（4）

图 4-9 幼儿园创意美术室（5）

图 4-10 幼儿园创意美术室（6）

第一，取之于儿童，用之于儿童。世界著名抽象画大师毕加索曾说自己花了一生的时间让自己的画看起来像儿童的画，这就说明每一个孩子都是艺术之大家，每一件作品都是孤品！将这些大量的独一无二的儿童作品装饰、点缀在美术室里：或是看似杂乱地堆放在地上，或是张贴在墙上甚至是天花板上，又或是跳跃到了窗户上……经过设计后的作品展示，让美术室呈现出无可替代的美感。

第二，材料多元而开放。若想要儿童在感知体验中大胆创作与表达，丰富的低结构材料是必不可少的。图 4-5 中地上一排排的木桶里收集的都是相对较大的材料，例如牛奶盒、硬纸板、各类瓶瓶罐罐等。图 4-7 中架子上统一放着的纸盒里收集的都是相对较小的材料，比如珠子、丝带等。无论材料被放在哪个区域，都体现了方便、开放的原则。

第三，巧妙利用空间，隔而不断。这个美术室有两间普通教室那么大，不同的区域却有好多个。除了房子中间有面不高的墙外，其余的隔断都是老师们巧妙运用材料本身和空间相结合而形成的。例如图 4-6 中，不同色彩的布条从空中垂下形成隔断；图 4-5、4-7 则是架子本身形成了隔断。这样略有通透感的设计，让人无论站在什么位置巡视美术室都能望见其他区域，在整体上形成隔而不断的磅礴之势。

由于时间有限，我们只能在参观美术室的时候顺便看了孩子们绘画时的状态（图4-6）。参观的老师不间断地来回穿梭在美术室里，尽管都保持着安静，但多多少少会给对方造成干扰。但是孩子们似乎两耳不闻窗外事，都很专注于绘画这件事。他们时而洗笔换色，时而与指导老师交换意见，时而去寻找可以让自己画面更丰富的装饰材料，时而大方回应参观老师的询问……一切是那么自然，那么和谐。我想，一个好的美术室的环境创设就应该是这个样子的！

三 幼儿园剪纸活动室环境创设案例与分析[①]

地点：浙江省湖州市德清县新市镇第一幼儿园

时间：2018年12月20日

背景介绍：幼儿园的环境是重要的教育资源，通过环境的创设和利用，可以有效地促进幼儿的发展。而美工活动室的创设可以让幼儿在认知、情感、能力、审美等方面得到发展，也是孩子们非常乐意去的地方。

在一次迎新年的活动中，孩子们带来了窗花，以及有剪纸图案的贴纸。孩子们对这些红红的有镂空的图案兴趣很浓，刚好我们园美工制作室有个区域处于空白状态，通过调查，其他班也有些孩子对剪纸的图案兴趣很浓，有些班级还创设有剪纸区。孩子们对剪纸的兴趣启发了我的思考，是否可以在我园美工室的空白区域设置一个剪纸坊呢？在剪纸特长老师的帮助下，师幼共同创建了一个剪纸活动室。

环境呈现：见图（4-11、4-12）[②]

环境创设分析："剪纸"是一种民间广为流传的艺术，也是中国民间美术形式之一，有着悠久的历史。剪纸在北方更多用来装饰，点缀墙壁、门窗、房柱、镜子、灯和灯笼等，把它们放在幼儿环境创设上，可以在让孩子了解中国传统艺术的同时美化幼儿环境。而且"剪纸"分为折剪类、迭剪类、衬色类、拼色类、染色类、填色类等，有利于小到大班幼儿不同年龄段的发展。

---

①文本提供：浙江省湖州市德清县新市镇第一幼儿园李双双。

②李双双2018年10月20日摄于浙江省湖州市德清县新市镇第一幼儿园。

图4-11　幼儿园剪纸活动室(1)

图4-12　幼儿园剪纸活动室(2)

事例

　　来到美工室,欣赏了老师作品的幼儿们兴奋不已,豆豆拿起剪刀就在一张纸的边缘剪了一个圆形,在圆形的上面还留有一条直线:"老师,我剪完了。""呀!豆豆剪的是什么啊?"我好奇地问。豆豆停顿了几秒跟我说:"我也不知道是什么。""那你给自己的作品取一个名字吧。"我给出建议。"那叫苹果吧,我剪的是苹果啊。"豆豆开心地拿着自己的作品跑向同伴身边开始介绍。美工室的环境成功引起了孩子们的兴趣,不需要老师过多的介入孩子们就会主动地去剪纸,并且从中提高了自身的口语表达能力、观察力和想象力。可好作品也需要老师的引导,后期我们使用多媒体,通过实物投影仪的运用,清晰地示范了剪纸最基本的操作方法,折叠、绘画、剪、粘贴、装饰和工具的正确使用。在"剪纸"过程中孩子们实践着、创造着、快乐着!

四　幼儿园科学发现室环境创设案例与分析

(一)案例与分析一①

地点:浙江省湖州市德清县地理信息小镇幼儿园

时间:2018年12月7日

背景介绍:科技馆是幼儿园科学活动的重要路径,它是"玩科学"的孩子们充分体验和感受科学探究魅力、实现自己科学创想的地方。在湖州市德清县有一个专注做科学探究的幼

---

①文本提供:浙江省湖州市德清县地理信息小镇幼儿园俞玲燕。

儿园——地理信息小镇幼儿园,该幼儿园整体环境创设与科学技术紧密联系,有一个专门的科学发现室(科技馆),其中有许多个小馆,其中"光影小世界"更是深受孩子们的青睐。

影子是生活中常见的现象,与光有着密不可分的关系。它介于明与暗、有形与无形、真实与虚幻之间,似乎常常能悄然无声地进入我们的世界。在阳光下、月光下、灯光下……孩子们可能会注意到自己与其他物体的影子,由此也可能会产生很多疑问:这是什么? 怎么会有影子呢? 影子为什么会变来变去? ……正是影子的这些可变性使其具有一定的"神秘性",这样的神秘性引发了孩子好奇探究的欲望和无穷的想象。然而教室的空间和材料难以满足孩子对影子的探究活动,为满足孩子探究的需要且能让较多孩子参与活动,一个有趣的"光影小世界"生成了。本主题的探究活动旨在提供丰富的材料,预备一些游戏情境,鼓励孩子从自主探索出发,让他们试着用自己的方式去寻找影子、观察影子、"制造"影子等,逐步尝试发现光与影的关系,从而初步建构起光与影的经验。

环境呈现:见图(4-13、4-14、4-15、4-16)①

图4-13 幼儿园科学发现室(1)

图4-14 幼儿园科学发现室(2)

图4-15 幼儿园科学发现室(3)

图4-16 幼儿园科学发现室(4)

环境创设分析:我园在幼儿园校园文化建设项目中重点打造了科技馆,其中的光学区互动式投影仪、光学暗房等高科技设备前期已配备到位。在硬件条件优越的前提下,为满足孩子自主探究、多形式探索的需要,后期又添置了手电筒,师幼一起自制了皮影戏材料、礼物屋、小黑屋、各类动物卡片、手影剪影等材料。孩子有的玩踩鱼、踢球等互动式游戏;

———————————————
①俞玲燕2018年12月6日摄于浙江省湖州市德清县地理信息小镇幼儿园。

有的自制皮影,在幕布后操作皮影;有的使用手电筒让动物们动起来;还有的根据礼物单,使用手电筒,在礼物屋等处寻找礼物单上的礼物……在光与影的小世界中,孩子们的玩法层出不穷。

事例 1

　　小开心和泽泽的探究。泽泽一进到科技馆就发现了新增加的暗房,大喊:"呀! 好黑,这里太黑了,我什么都看不见!"小开心说:"我有手电筒! 我来帮助你。"一打开手电筒,小开心说:"我看见你的影子了!"泽泽说:"快照我的手! 我会用手变小鸟,我是小兔子、我是大灰狼……"小开心钻出小屋,飞快地在材料架上拿了几个图片又钻了进去,得意地举起图片摇着说:"看! 我的小猫会跳舞! 我的小鸟会飞!"小开心像是想到了什么,眨着大眼睛说:"你看手电筒一亮,有光才能看见影子,手电筒不打开,小屋里是黑的,没有光咱们就什么都看不见!"

事例 2

　　小籹的探究。听着他们的谈话,小籹忍不住说:"你们说的我在皮影戏那里也发现过!"说着小开心、泽泽、小籹一起钻出小屋来到了"光影小世界"皮影戏旁。小籹说:"泽泽,你照照我的手。"于是,泽泽拿了一个手电筒对小籹的手照着,果然在皮影戏幕布上出现了小籹手的影子。不多时小开心发现:"快看,快看! 小籹的手会变! 一会小,一会大! 这是怎么回事呀?"她大声告诉老师她的发现。他们反复试验,发现当手电筒不动,玩具距离手电筒或远或近时,幕布上的影子就会变小或者变大,十分有趣。

　　孩子们对有趣的光影小世界有强烈的探究欲望。从兴高采烈地自主选择、飞快地取材、兴奋地大喊等行为表现可以看出:孩子在体验式探究中,能够概括出光与影之间的关系;在反复操作、实验后发现了有光才能有影子,不同距离光照下影子的变化"近大远小",并能大胆地总结出自己的想法。这是多么有价值的发现啊! 作为老师我们为孩子的发现感到骄傲,并及时给予眼神的肯定、微笑的鼓励、正面的评价,我们要做的只是静待花开……

(二)案例与分析二[①]

地点:浙江省湖州市德清县新市镇第一幼儿园

时间:2019年3月7日

背景介绍:德清县新市镇第一幼儿园是一所办园历史较为悠久的幼儿园,成立于1953年,历经了66年的风雨时光,坐落于江南古镇——新市。由于地处运河支流流域和丝绸发

---

①文本提供:浙江省湖州市德清县新市镇第一幼儿园沈依韵。

源地,运河文化以及蚕桑文化氛围浓郁,在这一系列的环境氛围熏陶下,幼儿园逐渐形成了以蚕桑文化为主的办园特色。为全力打造蚕桑文化,将其发展成为幼儿园的品牌,从2016年下半年开始,幼儿园特别开设蚕桑文化室,将蚕的一生搬进了幼儿园,除了能为幼儿园的环境营造蚕桑文化的氛围,更能让孩子们近距离地观察蚕、记录蚕的一生,对与蚕有关的一切进行调查、记录、探索。说到蚕,不得不提的是丝绸,至今蚕茧交易仍有所发展,因此,蚕桑文化室不仅是渲染了古镇蚕桑文化的氛围,更是将自然科学、人文风俗及物理现象共同结合,进行展示。

环境呈现:见图(4-17、4-18、4-19)①

图4-17　幼儿园蚕桑文化室(1)

图4-18　幼儿园蚕桑文化室(2)

图4-19　幼儿园蚕桑文化室(3)

环境创设分析:蚕桑文化室,区别于幼儿园其他的功能室,独占幼儿园双层式园厅的一整个上层,厅内共有8个圆柱,12个高低不一的展示台,若干缫丝机与织布机,四方小桌以及蚕匾,内有观察手册、放大镜、蚕茧等可供操作的物品。整个园厅内部陈设以蚕桑文化为主要设计思路,从展示台的形状到照明使用灯罩,皆以蚕茧为模型进行创设,值得一

①沈依韵2019年3月7日摄于浙江省湖州市德清县新市镇第一幼儿园。

提的是园厅顶部,以养蚕传统器皿"蚕匾"为主要装饰,使得园厅整体尤为能够传递出一种植桑养蚕的氛围来。一年四季的不断变更是蚕桑室的最大特点。根据不同的养蚕阶段,老师们为蚕桑室投入不同的材料,供幼儿观察、记录与感受。如在5月,幼儿园或者幼儿会在蚕桑室投放刚孵出的"蚁蚕",孩子们会根据蚕的生长,感受蚕的一生,从黑黝黝的、小小的一只蚕到最后白白胖胖,通体晶莹,吐丝结茧。用记录表记录下自己的所见所闻。有了养蚕的场地后,在圆台上展示的各类机器模型则是为蚕茧后续的发展指明了方向。其实当蚕桑室刚开始面向孩子们开放时,最吸引孩子们的便是展示台上那一架架逼真的机器。因为好奇,所以有疑惑,老师们常常会被孩子们问各种各样的问题:"这是什么?""这是干什么用的?""它是怎么转起来的?"这一系列的问题,不仅调动了大家的好奇心,也吸引了许多孩子将探索的目光放在机器运转上。

事　例

　　在蚕桑室刚开放的时候,幼儿园自身投放了一批刚孵出的"蚁蚕",那时的老师与孩子们一样,对于养蚕的知识是零碎的,很多年轻老师也没有养过蚕,和孩子们一样从零基础观察做起。因此,蚁蚕刚刚投放进蚕桑室没多久,便出现了问题,许多蚁蚕在投放进蚕桑室两天之后,开始陆续出现死亡的情况,这让天天观察的孩子们奇怪不已。后来经过园内有养蚕经历的大伯的经验分享才知道,原来刚刚孵化出来的蚁蚕是十分娇嫩的,对于温度的要求非常高,蚕桑室的环境空旷,但是温度没有达到蚁蚕生长的最佳温度,因此会产生温度过低而死亡的情况。经历了"低温"的情况,孩子们开始了对蚁蚕进行"解救"的讨论,有孩子说:"那么把蚕放到空调底下去,这样就热了。"也有孩子说:"要么给它们盖上被子吧!"有了前车之鉴,等再次面对蚕宝宝的时候,孩子们都显得慎重了许多,选择已经褪去黑皮的二龄蚕或三龄蚕,它们对温度的适应能力有所上升,于是一场有模有样的养蚕活动逐步开展。解决了温度的问题,再次面对的就是食物的问题,蚕吃什么?幼儿园里有种植桑树的区域,自从知道蚕宝宝爱吃桑叶后,天天都有孩子争相采摘桑叶,没几天,桑叶不够了,食物成了大问题,孩子们纷纷开始为蚕宝宝的食物而奔波,有的从自家喂蚕的竹筐中匀出一些,有的和爸爸妈妈一起去桑田亲自采摘。在饲养过程中孩子们了解到蚕宝宝的胃口很大,但是却很挑食,不吃脏桑叶,不吃干桑叶。每一次的发现都会被有心的孩子仔细地记录下来。而因为蚕桑文化的影响,衍生出的古镇庙会,不仅是视觉的盛宴,对孩子们来说更是一种精神的传承,年年都有的庙会,在孩子们养蚕之后,又有了不一样的感觉,孩子们笔下描绘的场景更加热闹,这是对来年蚕茧丰收的期盼。

　　陪伴蚕宝宝生长,这是一个较长期的追踪记录与探究的过程。孩子们不仅感受到生命的神奇,更是在观察记录的过程中,了解到蚕的一生会经历五个阶段,在每一个阶段,蚕都会有不一样的表现,特别是蚕眠蜕皮的时候,大班的孩子们会联想到蛇、蝉等动物也是通过蜕皮的方式长大。等到了蚕吐丝时,小班的孩子会学着蚕吐丝的模样,或者利用手中的蜡笔,在绘画中感受蚕吐丝的绵绵不断。

从蚕的形态到变成蚕蛾,在短短的几天内完成破茧、产卵,最后死亡。孩子们虽然不能理解什么是"春蚕到死丝方尽",但是却也见证了蚕的一生。会有孩子感叹,蚕的一生时间太短,也会有孩子说蚕真是一个"贪吃鬼",或是提出"蚕为什么不会变成蝴蝶?"这一系列的问题都在孩子们的心中埋下小小的种子,等到合适的时间,发芽成长。见证蚕的生长,了解蚕的变化,孩子们在这过程中积极探索,发现问题,解决问题,即便遇到困难也乐于寻找办法解决,这大概就是在自然科学中探索的乐趣吧。

五 幼儿园木工活动室环境创设案例与分析[①]

地点:浙江省湖州市德清县洛舍镇中心幼儿园

时间:2016年11月16日

背景介绍:洛舍镇地处富饶美丽的德清北部,被誉为"木业重镇""中国木皮之乡",洛舍镇中心幼儿园就坐落在这物产丰富的水乡小镇上。因此,木块、木条、木桩、木片等木材料非常丰富,尤其木皮更是随处可见。这些材料既是幼儿熟悉的又是幼儿喜爱的,利用这些材料纯天然的颜色、材质、形状等,可以从不同角度进行木艺美的熏陶。利用这一得天独厚的地方资源,该园开展了趣木特色课程。为了进一步深化"玩转趣木"课程,拓展活动形式,结合园区一楼宽阔的走廊空间,重点打造了可供幼儿操作、创造、体验的活动室——"木工坊"。

环境呈现:见图(4-20、4-21、4-22、4-23、4-24、4-25、4-26、4-27)[②]

图4-20 幼儿园木工坊(1)

图4-21 幼儿园木工坊(2)

---

①文本提供:浙江省湖州市德清县洛舍镇中心幼儿园李晓贤。
②李晓贤2016年11月16日摄于浙江省湖州市德清县洛舍镇中心幼儿园。

图4-22　幼儿园木工坊(3)

图4-23　幼儿园木工坊(4)

图4-24　幼儿园木工坊(5)

图4-25　幼儿园木工坊(6)

图4-26　幼儿园木工坊(7)

图4-27　幼儿园木工坊(8)

环境创设分析:木工坊在外观打造上,结合古镇水乡特色,以"木"为主材料,打造具有古镇韵味的木工坊。走进木工坊,你可以看到墙面上也是以木为元素,设计了可以供孩子随意取放物品的小挂钩,开放式的材料架,锯子、电钻、刨子、榔头等专业的工具,还有防护眼镜、手套、背心等辅助材料。桌子上整齐地安放着可以钻、磨、切的安全又专业的工具,为了活动安全这些小工具都是固定安放的。再往里摆放着小桌子、小椅子、木皮、木块、木皮等操作材料,以及作品和作品展示架,孩子们可以在这里进行一些趣木作品的创作。

> 孩子们对木工坊充满着期待与向往。进入木工坊,他们首先选择适合自己的背心、围裙、手套、眼罩等,戴上围裙或穿上背心,戴上工作手套,戴好防护眼罩,再从墙上选择自己需要的工具。或是坐在小机器前认真地开始钻、磨、切、割,或是来到小桌子旁对各种形状的木块、木条尝试进行刨、锯、钉。他们各自选择合适的材料、工具,或独自一人,或三两结伴,开启"小木匠"的工作。这些既安全又专业的小工具,深受孩子们的喜爱。在这里,他们是快乐的小木匠,他们是专注的小工匠,认真、专注地开展每一项工作;在这里,他们是能干的小工匠,每一样都是他们的拿手活儿,体验着成功的快乐。

一个小小的木工坊,在这里,孩子们不仅仅发展培养了手眼协调能力、耐力、专注力,更多的是良好性格的养成和情感的培养。专业的技能在这里锻炼,特色的课程在这里深化,工匠的精神在这里传承。

六 幼儿园室内游戏区环境创设案例与分析[①]

地点:浙江省湖州市南浔实验幼儿园

时间:2018年12月17日

背景介绍:越来越多的幼儿园在室内创设多种功能室,让幼儿有自主选择的机会去接触各种好玩的游戏;也有越来越多的幼儿园把真实场景搬到室内形成主题式的游戏场,让幼儿体验不同的游戏经历。其中,把游戏场与当地特色衔接的优秀做法不乏其例。

投入使用没几年的湖州市南浔实验幼儿园,是当地的佼佼者。它的外观设计非常有时代气息,整体装饰也很美观大气。但它有一个游戏区跟它的整体设计有些反差萌——一条南浔古镇的特色步行街!是出于什么原因,要在一座新园里再造一个古色古香的街群呢? 幼儿园的老师这样反馈:随着中国国力的日益增强,习近平总书记号召我们要坚定"文化自信",可是文化自信在幼儿园内该如何体现和实施呢? 这时候孩子们在班级里玩的角色游戏"小镇小吃街"引起了老师们的关注,孩子们在游戏中模仿着当地人的言行,买卖当地小吃,玩得不亦乐乎。这个游戏给了老师们创设的源泉,决定把南浔古镇上有代表性的景和物搬进幼儿园,让幼儿在游戏体验中感受家乡、热爱家乡,从而进一步热爱祖国!

[①]文本提供:浙江省湖州市德清县新市镇士林中心幼儿园张益丽。

环境呈现:见图(4-28、4-29、4-30)①

图 4-28 幼儿园室内游戏区(1)

图 4-29 幼儿园室内游戏区(2)

图 4-30 幼儿园室内游戏区(3)

　　环境创设分析:"小桥、流水、人家",这是对所有江南古镇最初也是最概括的写意描述,而这样的景致居然能在幼儿园的室内游戏里看到,着实让人惊讶。在南浔实验幼儿园的一楼,我们看到了蜿蜒的小河从这头延伸到那头,里面有许多塑料的小鱼、小虾玩具,可供孩子垂钓;一座木质小桥架在了小河之上,孩子们可以站在桥上俯瞰美景;小河的一边是起到纯装饰作用的墙面,用蓝印花布、幼儿作品点缀其中;小河的另一边是幼儿们玩角色游戏的场所,一间小房子就是一个小商铺,有面人馆(泥工作品区)、巧手馆(绘画作品区)、小吃馆(面点制作区)、制衣馆(服装道具区)、茗茶馆(制茶泡茶区)等,孩子们可以在里面制作、体验,感受成功的喜悦;每个小房子里的装饰也都古香古色,仿佛置身于南浔古镇某条古老的街道,随时可以坐在方桌之上喝茶闲聊。

---

①张益丽2018年12月17日摄于浙江省湖州市南浔实验幼儿园。

事 例

　　苗苗最喜欢的就是到古镇游戏区里游戏,尤其是在小吃馆里当老板。你看,今天她又戴起了三角小方巾头饰,腰间围上了蓝印花布的围裙,眉开眼笑地往里面一坐。接着拿出白白的黏土,在手里把它团圆后,单手往桌子上一按,压扁了它,又从材料架子上拿出一个弹力小球放在中间,把它包在黏土里,再把黏土收口挤压,一个似包子的点心完成了!这过程行云流水,看来苗苗真是个有经验的老板。她继续制作,还时不时东张西望。老师很好奇她在看什么呢,苗苗却说:"今天怎么没客人来呢?"原来她这是在等着"开张"呀。没一会,来了两个其他班的孩子,苗苗立马兴奋起来,热情地招呼着:"这是我们店的小吃,你想吃点什么吗?"见小朋友没说话,苗苗又接着介绍:"包子很好吃的,要不要来几个?"终于小朋友们答应了,苗苗开心地说:"你们到那个桌子边上休息会,我马上给你们拿过来"……就这样,苗苗又陆陆续续接待了好几位小客人,也根据小客人的要求制作了一些只有孩子才看得懂的奇怪小点心!

　　值得肯定的是,在这样的室内游戏场里,孩子们很有代入感,他们会把真实的古镇情境带入游戏中,在角色互动中慢慢体会家乡的特色,从而让家乡深深印刻在儿童的记忆中!

七　幼儿园纸塑活动室环境创设案例与分析[①]

　　地点: 浙江省杭州市西湖区紫荆幼儿园

　　时间: 2018年12月19日

　　背景介绍: 如今,人们越来越重视身边的自然环境,环保意识逐渐在大众中形成,但是总会在不自觉中浪费了资源。尤其是在网络购物的大潮兴起之后,有大量的纸盒、报纸被随意丢弃,着实令人觉得可惜。于是西湖区紫荆幼儿园通过环保倡议向家长征集、回收了这些资源,并开展了一次废旧物制作的活动。

　　在那次活动中年轻老师带来的报纸变纸浆、纸浆变图画的操作让孩子们看得目不转睛,纷纷表示要体验一把。面对孩子们的好奇,幼儿园萌生了一个想法:能不能在幼儿园的功能室里新增一项这方面的美工活动?老师们经过商量后觉得这个想法可以实施,一是因为活动主材料都是纸质物品容易收集;二来制作的过程能很好地发展幼儿动手和想象能力;三是可以在制作过程中明白资源可重复利用的道理。于是,幼儿园牵头,特长教师负责,紧锣密鼓地对"纸塑坊"进行了创设。

　　环境呈现: 见图(4-31、4-32、4-33、4-34、4-35)[②]

---

①文本提供:浙江省湖州市德清县新市镇士林中心幼儿园张益丽。
②张益丽2018年12月19日摄于浙江省杭州市西湖区紫荆幼儿园。

图 4-31　幼儿园纸塑坊(1)

图 4-32　幼儿园纸塑坊(2)

图 4-33　幼儿园纸塑坊(3)

图 4-34　幼儿园纸塑坊(4)

图 4-35　幼儿园纸塑坊(5)

　　环境创设分析:老师们是如何来创设"纸塑坊"的呢? 其实也不难! 但它有一个亮点,那就是根据纸塑造型的步骤划分了相应的几块内容,便于幼儿养成做事有先后顺序的习惯。首先是"塑形区"(图 4-32),提供纸箱、纸筒、胶带等。自己先设计出想要的造型图纸,而后寻找相应材料把造型制作出来。然后是"纸浆区"(图 4-33),里面提供了大量由报纸捣烂形成的纸浆,孩子将纸浆抹在自己塑造的造型上即可。接着是"烘干区"(图 4-34),里面提供吹风机,用热风耐心地把糊在造型上的纸浆吹干。再接着是"上色区"(图 4-35),提供各类作画工具,幼儿可选择自己喜欢的颜色进行装饰。最后就是到"材料区"寻找装饰的材料,美化自己的作品。整个活动布局合理,材料提供丰富,幼儿在参与中使多方面能力得到锻炼。

我们对蹲在"塑形区"地上捣鼓了好一会的男孩子产生了浓厚的兴趣。只见他把一个圆柱形纸筒跟另一个纸筒十字交叉,然后用胶带想固定住它们。但是胶带还没来得及缠上它们,纸筒的位置就歪了。小男孩重新调整它们的位置,又拉开胶带,结果还是跟上一次一样。小男孩只好再重复一次,结果这次胶带不小心粘到了外面,想扯下来有点麻烦……就这么又过去了两三分钟。最后小男孩只好求助于老师,拿着设计纸向老师解释自己要做的东西。老师很乐意协助他完成。在老师帮助下男孩终于成功塑出了十字造型,接下来他还要用其他材料继续丰富造型……

我们很喜欢这样的室内美工类活动室,尤其是简约却不简单的环境创设,蕴含的教育价值很强大。孩子在每个区块里都能学到经验,从而助推孩子养成专注、耐心、思考、解决、求助等各项学习品质。

八 幼儿园图书室环境创设案例与分析

(一)案例与分析一[①]

地点:浙江省湖州市德清县新市镇第一幼儿园

时间:2018年12月18日

背景介绍:三至六岁是人的阅读能力发展的关键时期,这一时期为幼儿营造一个良好的阅读环境至关重要。图书室的环境创设,让阅读以真实的身份出现在幼儿的生活中,让幼儿在生活中自主地建构阅读的意识。

地处水乡古镇的新市镇第一幼儿园,是一所20世纪80年代初建造的幼儿园,由于年代比较久远,在硬件方面有些跟不上时代,尤其是功能室不太齐全,因此以前的图书室只有几个矮柜和一些书本,显得比较的简单。

随着"观看时代"的到来,大多数家长都成了低头看手机的一族,孩子也成了低头观看的一员。为了引导家长关注亲子阅读、培养儿童阅读的习惯和能力,幼儿园不遗余力地通过合并、新增的形式,结合幼儿园蚕乡文化,力求创设一个古色古香的图书功能室。

环境呈现:见图(4-36、4-37、4-38)[②]

---

①文本提供:浙江省湖州市德清县新市镇第一幼儿园沈东钰。
②沈东钰2018年12月18日摄于浙江省湖州市德清县新市镇第一幼儿园。

图4-36 幼儿园图书室(1)

图4-37 幼儿园图书室(2)

图4-38 幼儿园图书室(3)

环境创设分析:根据幼儿的阅读需求,阅读区的位置选择应该遵循"明亮""安静"两个基本原则,也就是说,阅读区应选择光线明亮的地方,并尽可能安排在较安静的区域。根据"明亮""安静"的要求,我们绘本馆的北面有两扇大窗户,光线充足的南面是透明的推拉门。一面是推拉门,另三面是墙,能形成半开放式的格局,营造一种安静、安全的氛围,阅读区应该是温馨美观的,这样才能吸引幼儿来到阅读区。绘本馆的整体色调是浅蓝色,有一种宁静的感觉,图书室放上了可爱的小桌子和小蒲团,还有一排排小矮柜也可供幼儿坐,还放了与幼儿身高相符的书架,书架柜子的外观是古镇里的房子,给了幼儿在家的亲切感,很温馨。为保持阅读区的规范、有序,图书放在相对固定的位置,并贴上了标签,帮助幼儿养成物归原处的习惯。

事 例

来到了图书室,小朋友们开心不已,开始浏览各个书架上的图书。六六来到了科学类的架子前,拿出一本恐龙书,开心地说:"我要看恐龙!"听到六六的话,几个男孩子过来了,想要一起看恐龙书,他们把书拿到小桌子上,又去搬来了几个蒲团,一起看了起来。小朋友们都在书架上选择到了自己喜欢的图书阅读起来。婷婷和瑶瑶坐在小矮柜上看书,她们都拿着故事书在翻阅,一会儿故事看得差不多了,瑶瑶说:"婷婷你在看什么呀?"婷婷说:"这是一只小螃蟹的故事,你看呀,这个房子是小螃蟹的。"瑶瑶听了也一起凑过来看起了书:"哈哈,这只小螃蟹还会吐泡泡呢。"

图书室的阅读不仅能对幼儿的语言发展起到促进作用,还有助于幼儿智力、创造性思维、开拓性思维的发展。创设良好的阅读环境,能真正发挥阅读区的作用,发挥环境的教育作用,让幼儿与环境和材料产生互动,满足幼儿阅读和发展的需要。

(二)案例与分析二[①]

地点: 广东省深圳实验幼儿园

时间: 2018年11月13日

背景介绍: 随着时代的不断进步,许多人都更依赖电子产品,真正手拿一本书、坐下来静静阅读的人越来越少。但是人又不能离开阅读,因为阅读使人充满想象,阅读使人增长见识,阅读也能使人更加明理。学前儿童时代阅读习惯的培养直接影响其在基础教育时期的知识储备量和阅读理解力。所以,为幼儿营造一个宽松的阅读环境、提供有益的阅读书籍、给予一定的阅读指导,无疑是所有幼儿园的共识。

有着三十多年历史的广东省深圳实验幼儿园,凝结着幼儿园几代幼教人的智慧,她们始终践行"三人行课程",构建儿童、教师、家长之间良性而积极的生态圈。其中就包括如何引导孩子与家长建立良好的阅读习惯,从而为儿童幸福生长保驾护航。为此,深圳实验幼儿园将园内一间宽敞明亮的活动室着力打造成了图书室,把阅读的种子播撒在了无数孩子的心田。

环境呈现: 见图(4-39、4-40、4-41、4-42)[②]

图4-39 幼儿园图书室(1)

图4-40 幼儿园图书室(2)

---

①文本提供:浙江省湖州市德清县新市镇士林中心幼儿园张益丽。

②张益丽2018年11月13日摄于广东省深圳实验幼儿园。

图4-41　幼儿园图书室(3)　　　　　　　图4-42　幼儿园图书室(4)

　　环境创设分析:创设图书室时一定要考量的因素就是大量书籍的陈列方式、整体环境的打造和细小环境的独特创设。我们可以看到深圳实验幼儿园在整片墙体上创设了许多格子(图4-39、4-40),这样可以保证有大量的优秀绘本可以清晰地展现在孩子们的面前,供他们选择。除了大面积的藏书格外,还有几个用矮架子划分的小区间,这几块小型的图书阅览区可供孩子自主结伴、分散活动,避免人多嘈杂。幼儿园也很重视细节打造,比如用一些纱巾、地毯、靠垫、毛绒玩具等装饰其中,让孩子可以选择一个舒适的方式轻松阅读;每个格子都有相应的标志,可以帮助孩子养成物归原处的好习惯。

　　在拜访深圳实验幼儿园的时候,大班正好在图书室里组织绘本阅读分享活动(图4-39),为了不打扰到孩子的学习,我们只在后面停留了一会儿。我们看到孩子们会三三两两地选择一个绘本进行阅读,边阅读边轻声交流。他们阅读的习惯很好,总是会轻拿轻放书籍。在集中交流分享中,同看一本书的孩子会很默契很自信地共同把书本里看到的以及自己的感受分享给大家……

　　我们有意识地呈现了两个风格截然不同的图书室作为环境创设的样本。德清新市一幼是一个水乡小镇幼儿园,环境创设更古典;深圳实验幼儿园是个大城市的幼儿园,环境创设风格更具时尚感。但无论哪种风格,只要适合自己幼儿园的人文底蕴和周围环境,创设出来的图书室肯定会受孩子的欢迎!

九 幼儿园午睡室环境创设案例与分析

(一)案例与分析一①

地点:吉林省长春市人民政府机关第一幼儿园

时间:2018年12月6日

背景介绍:曾有人开玩笑地说幼儿园应该缩短或是取消午睡时间,只能说他们真的不懂儿童的身心发展规律。幼儿园之所以有午睡时间,首先是因为对孩子来说睡觉是体力的休整,需要适当的午休才能有精力去面对下午的游戏和学习;其次保证孩子的睡眠也能促进他们的身体发育;另外,午睡还有助于孩子自我服务能力的培养。所以,幼儿园不仅不能取消午睡,还要十分重视给孩子营造舒适安静的睡眠环境才行。

其实换位思考一下,我们成人无论对家还是对旅馆的要求就是睡觉的地方要干净整洁、床垫被子要舒服,那么幼儿园的午睡室也要尽力做到最好。在这一点上,无论是南方的幼教人还是北方的幼教人,都是了然于心的。吉林长春市人民政府机关第一幼儿园发现小班幼儿在入园的头一个月,情绪波动最大的时间就是午睡时,而中大班的孩子则因为会兴奋而入睡率较低。基于现状,老师们积极去寻找原因,后来发现午睡时厚重窗帘一拉房间就接近全暗了,给小班幼儿造成一定的心理压力;午睡室创设时用了过于饱和的色彩,给孩子带来了兴奋感。找到了问题,幼儿园就有了优化的方向。

环境呈现:见图(4-43)②

图4-43 幼儿园午睡室

环境创设分析:以问题的解决作为抓手,在午睡室的环境优化中,长春市人民政府机

---

①文本提供:浙江省湖州市德清县钟管镇中心幼儿园鲍菊芬。

②张益丽2018年12月6日摄于吉林省长春市人民政府机关第一幼儿园。

关第一幼儿园收获了成功。为了缓解小班儿童的焦虑感,幼儿园首先对窗帘进行了更换,选择了颜色温馨、透亮适度的布料;同时也将儿童睡觉的传统木床换成了汽车形象的床,让午睡变得不仅温馨还更有趣,如此一来小班孩子对午睡不但不抗拒,反而多了几分期许。为了降低中大班孩子的兴奋感,除了窗帘也进行更换外,还把午睡室的墙壁粉刷一新,整体温馨,再加上一些规则提示,让孩子们有了一个易于入睡的环境。

事例

　　"老师,可以睡觉了吗?"吃完午饭没一会的小哲突然跑来问老师。老师吃了一惊,以为他又要因为睡午觉而情绪不好了,所以想转移一些他的注意力:"还要等一会才行,现在还早,你可以先去和小朋友玩会。""我想睡觉了!"小哲依旧坚持自己的要求,但是并没有不开心。老师有些奇怪地问:"能告诉老师为什么急着想睡了吗?"小哲竟有些兴奋地回答:"我想我的小汽车了!"哦,这时老师恍然大悟,原来他说的是他的小床铺——新学期时换上的卡通汽车小床。

　　老师觉得自从换上了新床、更换了窗帘、刷新了午睡室的颜色后,小班午睡适应率相比往年明显提高了很多。就拿小哲而言,开学不到半个月,从原来十分抗拒到后来慢慢适应、再到现在对自己小床的向往,从中可以看到午睡室环境的打造给孩子身心带来的变化还是很大的。

(二)案例与分析二[①]

地点: 浙江省湖州市德清县雷甸镇第二幼儿园

时间: 2019年3月7日

背景介绍: 研究表明,良好的午睡习惯与午睡质量直接影响幼儿的生长发育。为此,午睡成为幼儿园一日活动中的重要组成部分。但是,我们发现随着年龄的增长,孩子的午睡效率越来越差,表现为入睡时间短、孩子间交头接耳的现象较多等情况。通过交流,我们了解到,因为窗帘年久失修,透光效果较好,特别是睡在窗边的孩子因为光线较亮,导致睡不着。另外,因为叠叠床的面积较大,午睡室较拥挤,孩子的床一个一个地紧紧挨在一起,导致孩子午睡时大家头靠头容易讲话。每次入睡前,保育员和老师都要花费大量的时间与精力,必须两个人一起来搬床和被子。且由于床和被子都是一样的,在摆放的过程中容易放错位置,这样就造成孩子睡觉位置不固定。针对这些情况,我们进行了整改。同时,为了让孩子充分发挥主人翁意识,在整改的过程中,我们全程让孩子参与其中。

环境呈现: 见图(4-44、4-45、4-46)[②]

---

①文本提供:浙江省湖州市德清县雷甸镇第二幼儿园邓晨。
②邓晨2018年12月16日摄于浙江省湖州市德清县雷甸镇第二幼儿园。

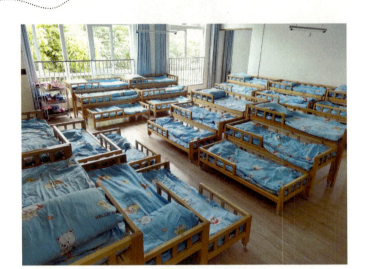

图 4-44 幼儿园午睡室（1）

图 4-45 幼儿园午睡室（2）

4-46 幼儿园午睡室（3）

环境创设分析：首先，我们展示窗帘店提供的窗帘样式让孩子参考选择，最终以投票的形式，选择出孩子最喜爱的窗帘，并由园内的总务统一购买。在孩子的帮助下，我们将旧的碎花窗帘进行置换，替换成一抹蓝窗帘。当孩子躺在床上，睁开眼望着安静、纯洁的蓝色，喧闹的心情也会随之平静下来，从而渐渐地进入梦乡。其次，我们将面积较大的叠叠床统一换成了轻便灵活的推推床，这样既省了室内的空间，又利于摆放。因为推推床是三张重合在一起的，且四个脚下有滑轮，所以推动的时候特别省力、省时，推了一个就相当于推了三个，远比以前的叠叠床方便多了，且推推床不像叠叠床必须两个人一起搬，只要一个人就能轻松完成。收起来的时候，我们十张床统一靠墙边放，这样中间的空地可以留给孩子集中活动。午睡的时候我们就将床铺开，以"川"字形摆放。在摆放时，值日生在老师的引导下，帮助老师一起把床推好，久而久之，孩子们不需要老师的提醒都能自主完成，并且知道哪张床放哪个位置。最后，在空间方面，由于床的更换，室内空间也多出了很多，以前孩子在进进出出的过程中，经常要跨过人家的床，现在摆放后每排床边都留有一条宽敞的路，便于幼儿自由出入，而老师在巡回的过程中也方便多了。

事 例

　　整改后的第二天,当午睡室的地板刚干时,值日生们便自觉地进入午睡室推起床来,男孩子对着女孩子说:"这些费力气的活,你们女孩子推不动,还是我们男孩子来吧!"女孩子不甘示弱地说:"谁说我们不行,这个新床下面有轮子,很好推的。"说着轻松地推了起来。经过老师提醒每组床的位置,不一会儿孩子们就完成任务了,大家看着自己的劳动成果,开心地拍起手来,还迫不及待地请其他小朋友如厕、午睡,如厕后孩子陆陆续续地从间隔的小路走到自己的床边,期间已经没有碰到床挤到人的情况。基于第一天的经验,孩子们能第一时间找到自己的床铺,并将自己的拖鞋三双摆成一排整齐地放在床下。入睡后,床与床的间距不再像以前一样紧挨在一起,孩子聊天也不方便了,很多孩子便早早地睡着了。一些入睡较晚的,看着纯蓝的窗帘也慢慢地进入了梦乡。起床后,孩子自己叠好被子、整理床铺。而值日生动作飞快地穿好衣裤后,帮大家整理好所有的床铺并收起来推回到原处。孩子们纷纷表示,这个新环境睡觉真舒服。

十 幼儿园盥洗室环境创设案例与分析

(一)案例与分析一[①]

地点:上海市荷花池幼儿园

时间:2015年12月15日

背景介绍:在大众的传统观念里,只要是关于"吃喝拉撒"的事都属于大事,所以在生活中人们把厨房、卫生间的装修看得十分重要,因为从某种意义上来说,卫生间跟卧室一样是放松而又私密的地方。拥有温馨而又个性鲜明的私人空间是当下人们的追求。对于有些孩子,尤其是小班孩子来说,如厕是他们比较抗拒的一件事情,原因除了自理的能力相对较弱外,还有一个原因就是盥洗室大都是蹲坑式,孩子若要上厕所是非常吃力的,所以有些孩子不愿意在幼儿园解大便。上海的一些幼儿园就很敏锐地发现了这一现象,并思考优化或解决的方法。做得比较有特色的就属上海的荷花池幼儿园了。在她们的幼儿园里,盥洗室的环境创设并不亚于其他功能室。教育者从儿童心理学的角度出发,发现如家庭一般的温馨创设,以及鲜明独特的主题式营造,会让孩子"爱上盥洗室"。

---

① 文本提供:浙江省湖州市德清县新市镇士林中心幼儿园张益丽。

环境呈现：见图（4-47、4-48、4-49）[①]

图4-47　幼儿园盥洗室（1）

图4-48　幼儿园盥洗室（2）

图4-49　幼儿园盥洗室（3）

　　环境创设分析：上海市荷花池幼儿园盥洗室环境创设的最大特色就是让小小的盥洗室如童话般呈现在幼儿园的班级内，主题鲜明又充满童趣，满足了男孩与女孩的不同选择。我们可以从图4-47中感受到地中海风格扑面而来，蓝白相间的基调给了男孩子阳光、清爽的氛围。采用的都是大小、高矮适宜的坐便器，大大减轻了孩子蹲着如厕的不便与吃力，让上厕所变得舒适起来。在图4-48中，我们能知道这是同一盥洗室的洗手区。洗手区最吸引人的就是水池的形状和高低设计，能满足不同孩子的需要；尤其喜欢那些似水滴溅起效果的镜子，特别具有时代感。在图4-49中，明显感到了这是与地中海截然不同的风格，从颜色上我们能猜出这是女孩子们的小天地。那列小火车的车厢里实则藏了一个个坐便器，让如厕变得如同游戏一般有趣。荷花池幼儿园在盥洗室的创设中的确别具匠心！

---

①张益丽2015年12月15日摄于上海市荷花池幼儿园。

事例

　　早上入园,小宝奶奶在离开前不停嘱咐他:要解大便的时候跟老师说,记住了,一定要跟老师说!还不忘嘱咐老师和保育员:昨天晚上小宝还没解过大便,你们等会多问问他、多帮帮他!其实这样的情况在小班时就经常出现。在小班的时候,小宝就从来没有在幼儿园解过大号,有几次奶奶反馈他都是忍着回家解,后来就索性养成习惯每天晚上解。老师也曾跟他谈过心,知道他不愿意在园解大号的原因就是蹲着脚太酸了!于是,当天老师时刻关注他,鼓励他有大号不能憋。午饭后,小宝终于反馈要如厕拉"嗯嗯",他来到盥洗室,关起挡门,坐在坐便器上……当他愉快地离开盥洗室时,回头跟老师说:"明天我还要来这里拉嗯嗯!""腿不酸吗?""不酸,坐着很舒服,跟家里的一样!"是啊,盥洗室的优化使得小宝再也不抗拒在幼儿园解大号了,越来越多的孩子主动养成了良好的盥洗习惯!

(二)案例与分析二[①]

地点:浙江省杭州市萧山区江南国际幼儿园

时间:2018年10月22日

背景介绍:在2014年颁布的浙江省幼儿园等级评定标准"一级幼儿园标准"中,对每个班级的卫生间有了明确的标准,引起了各个幼儿园对盥洗室的关注和思考。反观早年间的幼儿园卫生间,虽然做得也十分不错,但是也存在着不足。比如:盥洗室场地不够大,统一的尺寸不符合差异不同的幼儿,流水水龙头高度都是统一的,全开放没有考虑到男女生的个人隐私,等等。

　　因此,萧山区江南国际幼儿园在建造的前期,园长和设计师们在参照相应的等级标准的同时,又从孩子的天性、爱好、差异等方面考虑,对卫生间进行了仔细的考量和科学的规划;而在幼儿园框架初成、着手装修的后期,幼儿园领导又深入部分幼儿园咨询了孩子、家长、老师的想法和意见,带回来后进行分类梳理、逐步融合到设计理念中,最终形成了如下的盥洗室环境。

　　环境呈现:见图(4-50、4-51、4-52、4-53)[②]

①文本提供:浙江省湖州市德清县新市镇士林中心幼儿园张益丽。
②张益丽2018年10月22日摄于浙江省杭州市萧山区江南国际幼儿园。

图4-50　幼儿园盥洗室（1）

图4-51　幼儿园盥洗室（2）

图4-52　幼儿园盥洗室（3）　　　图4-53　幼儿园盥洗室（4）

环境创设分析：当你走进萧山区江南国际幼儿园,你会发现最吸引你目光、驻足停留的地方之一就是盥洗室! 为何呢? 我们一一探寻。先来说说公用盥洗台(图4-50),两高一低的设计,体现了对称和谐美,也照顾了大人和小孩的不同需要;而瓷砖选择了粉和灰的六边形,显得温馨而又充满了无限的想象:这是小蜜蜂住的家吗?

移步到盥洗室,一排儿童用的洗手台映入眼帘(图4-51)。有高有低满足不同身高差异孩子的需要。每个流水水龙头旁边都有显眼的卡通洗手液瓶,孩子在洗手时可以很方便地取用。每个水龙头都对应一面小镜子,小镜子形状各不相同,给盥洗室整体增添了活力。小镜子上方是老师布置的关于正确洗手的图示,可以引导孩子正确洗手。

再来说说如厕的区域(图4-52、图4-53)。你会看到男生的每一个站立式之间都有一道挡板、女生每一个蹲式之间都有挡门,这样可以有效地保护好孩子的隐私。紧挨如厕区的是一个半圆形设计的洗手台,两边各一个,每一边的卡通小象水龙头有6个,可以分流让男女生不用长时间等待就能洗完手。

整个盥洗室空间大,空气流通,环境优雅的同时又能兼顾整体和个体的需要,每层楼的配色也有所不同! 可见,要创设一个儿童喜欢的盥洗室也是一门大学问。

事例

十月,小班的孩子们都已经适应幼儿园的集体生活,也能有序如厕盥洗了。钉钉是班级里个头不高的男宝宝,他随着几个好朋友走到如厕区小便。但是由于他个子小,小便池比较高,还真不适合他。怎么办呢? 正当老师想要过去帮忙时,钉钉走到了另一个小便池,这个小便池比其他小便池稍微低一些,正好满足了钉钉。他如厕完便到洗手池边开始洗手。只见他摸摸小象水龙头的鼻子,嘴里轻轻地说:"小象小象我来了,快点喷出水来吧!"然后把小象鼻子往上一掀,流水哗哗,钉钉开始边洗手边自言自语:"手心搓搓、手背搓搓、交叉搓搓……"

从事例片段中我们可以看到不同差异的儿童都能在盥洗室中得到适宜的对待,而卡通的水龙头对于小年龄孩子来说充满了童趣和童真,至于隐性的图示环境创设,在一定程度上尤其是对于小年龄孩子来说起到了一种暗示和支持的作用。可以说这几年浙江省的每所幼儿园在盥洗室创设中都达成了共识,朝着越来越科学、越来越人性化的方向发展!

十一 幼儿园楼梯环境创设案例与分析

（一）案例与分析一①

地点：浙江师范大学杭州幼儿师范学院附属幼儿园

时间：2018年10月24日

背景介绍：楼梯有什么用？肯定有人会不假思索地告诉你：上下楼呗！没错，楼梯的功用就是起到承上启下通道的作用。那么除此之外就没其他用处了吗？在幼教人眼中，幼儿园内的任何资源都可以成为环境创设的主角，任何资源都可以成为教育的媒介。

浙师大杭州幼儿师范学院附属幼儿园的楼梯比较多，老师们觉得可以在楼梯上做做大文章，于是他们思考：什么内容可以跟楼梯巧妙结合起来呢？有一天入园，看到一位牵着爸爸手的孩子正在走楼梯，一边走一边数着楼梯的台阶数量。数着数着就断了，一断就不知道怎么接着数了。这么一件偶遇的小事情，却给了附幼老师们灵感：幼儿园对数学与美术这两个学科有着常年的研究，为何不能把幼儿园的特色融入楼梯中，让文化自然流淌在幼儿园的角角落落，让数学回归到生活中解决实际问题呢？有了这样的想法，老师们又开始思量：数学的哪些内容可以用在楼梯上？除了楼梯以外可不可以延伸到楼梯的墙面上？还有没有能互动的操作式环境创设呢？经过一番深思熟虑，楼梯要开始大变样了！

环境呈现：见图（4-54、4-55、4-56、4-57）②

环境创设分析：老师们仔细梳理了数学领域的几大内容，通过专业的思考，在楼梯与墙面上进行了不同的创设。首先在楼梯上老师创设的是平面形式的关于"数"方面的内容，但不同楼层的难度和形式上却并不相同。如图4-54中，呈现的是数的序列，让幼儿在走楼梯数一数过程中感知顺数、倒数等。而在图4-55中，我们看到楼梯整体呈现出宝塔的图案，让单一的楼梯变得美观；同时仔细观察会发现并不是每个台阶都会有数字，这就能引导孩子逐渐明白怎么去接数，去逐渐感知相邻数、单双数的意义。

楼梯两边的墙面，则是运用了具有可操作性的互动式创设。从图4-56中可以看出此块墙面涉及了数学中的"图形""空间"及"模式"的内容。而图4-57中则可以看出"数与运算""认识时钟"的内容。除此之外，墙面上会有一些透明袋子，里面放着的是操作提示卡，卡上会有相应的图文提问，例如红衣男孩比红衣女孩多几个？图形中梯形有几个？通过这样的提示卡，让墙面和孩子有了更多的互动，让环境真正起到了教育的作用。

---

① 文本提供：浙江省湖州市德清县新市镇士林中心幼儿园张益丽。

② 张益丽2018年10月24日摄于浙江师范大学杭州幼儿师范学院附属幼儿园。

图 4-54　幼儿园楼梯（1）（由上至下拍摄）

图 4-55　幼儿园楼梯（2）（由下至上拍摄）

图 4-56　幼儿园楼梯（3）（墙面）

图 4-57　幼儿园楼梯（4）（墙面）

事例

　　放学时间，孩子都陆陆续续回家了，班级里的老师也做起了一天的收尾事宜。此时豆芽的奶奶折返而来，皱着眉头无奈地说："张老师，你去跟豆芽说说，让他好回家了。"经过简单了解，才知道豆芽正在楼梯那跟墙面进行着互动，奶奶以为他很快就好了，结果十分钟过去了，还舍不得走，奶奶催了好几次，都没效果，只好来请老师帮忙。老师来到楼梯处，只见豆芽拿着一张提示卡，上面写着："红衣男孩+绿衣男孩一共有几个？"他仔细对照墙上的信息，手指点点数数，很快就得出了总数。他还想继续换卡，老师提醒他时间有点晚了，允许他最后再试一张卡，他欣然接受。试完后豆芽拉起奶奶的手心满意足地走了！

　　其实，跟豆芽一样的小朋友还有很多，自从楼梯大变身后，孩子们都特别喜欢这里，总会在此停留片刻，跟家长和同伴互动一番。能让孩子产生积极互动的环境，才是真正有意义的好环境。

（二）案例与分析二[①]

地点：浙江省杭州市新华实验幼托园仙林苑分园

时间：2012年9月12日

背景介绍：杭州新华幼托园仙林苑分园是一个面积不大的小区幼儿园，只有把角角落落都利用开发起来才能给予孩子更多的活动空间。同时这也是个童话般诗意的幼儿园，以绘本为依托特色，园所大大小小的环境都围绕经典绘本元素来进行布置。正因为如此，遇到了一个矛盾的难题：随着绘本内容的延展，许多有意思的活动会不断累加，比如要有大量阅读的书籍、亲自制作的原创绘本、图书漂流进家庭，等等，那么这些放在哪里呢？伴随着实际问题，大家群策群力，最后达成了一个共识：这些书籍也好、自制绘本也好，应该要放在孩子、家长都能看得到、摸得着的地方才能发挥它们最大的价值。那么哪些地方家长孩子都会去呢？这时候老师们想到了楼梯。楼梯那的墙除了展示儿童作品外，该用什么形式陈列书籍呢？用置物架会不会不安全呢？一系列的问题让幼托园的老师们一度陷入思考，但最后还是顺利解决了所有困惑，并有了一个实用又耐看的设计。

环境呈现：见图（4-58）[②]

图 4-58　幼儿园楼梯

环境创设分析：虽然这是在2012年拍的照片，年代上有些遥远，但我们仍然坚持呈现出来，只是想多提供一个拓宽空间、实用环境创设的例子。新华幼托园仙林苑分园在楼梯墙面上制作了一个半嵌入式加开放式的书架，这样一来不仅拓宽了储物的空间，又能保证安全性；同时选择暖黄色为架子的基调，显得温馨，加上五彩斑斓的绘本图书、自制图书，又让这一面墙变得色彩斑斓；最主要的是，孩子们能在途经楼梯的时候，拿起一本感兴趣的书回活动室或回家阅读。

---

①文本提供：浙江省湖州市德清县新市镇士林中心幼儿园张益丽。
②郑燕平2012年9月12日摄于浙江省杭州市新华实验幼托园仙林苑分园。

所以说，我们在做环境创设时不要一味追求美观，也要兼顾实用。新华幼托园仙林苑分园的楼梯创设给了我们很好的启发。

十二　幼儿园走廊环境创设案例与分析

（一）案例与分析一①

地点：上海市儿童世界基金会普陀幼儿园古浪分园

时间：2019年4月25日

背景介绍：在寸土寸金的大城市里，幼儿园的空间格局整体比较小，户外活动空间也有限。特别是在恶劣天气，或者是雨天，如何保证孩子的运动量，为孩子提供充足的活动空间呢？为此，我们开始思考如何充分利用室内场地，怎样将室内空间有效地利用，为孩子提供适宜的运动场地，为幼儿身体动作的发展提供合理的运动场所，保证幼儿运动量的同时，保证幼儿的活动空间。

为此，结合孩子的发展需求，结合幼儿园有限的活动空间与场地，充分利用走廊的空间，以墙面为依托，设置了一些可供幼儿进行攀登、吊环等动作与力量练习的活动器械，让孩子们即使在恶劣天气也可以开展形式多样的体育活动，促进幼儿动作技能的发展。

环境呈现：见图（4-59、4-60、4-61）②

图4-59　幼儿园走廊　　图4-60　幼儿园走廊　　图4-61　幼儿园走廊活动区（3）
　活动区（1）　　　　　活动区（2）

环境创设分析：这几款活动器械，均充分利用走廊的活动空间，以墙面为主要依托，设置了图4-59以力量练习为主的沙包、攀爬器械；图4-60以吊环为主的手臂力量练习的器械，吊环长短可根据孩子们的年龄以及身高需求调节；图4-61是罕见的室内攀爬墙，童趣且富有创意的攀爬墙上，有着各种大小的图形，色彩鲜艳，非常受孩子们的喜爱。关键与

①文本提供：浙江省湖州市德清县洛舍镇中心幼儿园李晓贤。
②李晓贤2019年4月25日摄于上海市儿童世界基金会普陀幼儿园古浪分园。

巧妙之处在于,孩子们可以不受天气、时间等外在因素的影响,随时玩耍。

事例

　　早上或离园时刻,孩子们只要在自由活动时间,随时都可以来到走廊进行锻炼,或攀爬,或打沙包,或吊环。一开始这么富有挑战性的活动器械特别受男孩欢迎,特别是沙包,男孩们会进行1:1的PK赛,这是平时在家或其他活动中极少能接触到的既可以锻炼手臂力量,又能满足男孩竞赛以及挑战心理的项目。起初的沙包项目多受男孩欢迎,女孩们以旁观、加油打气为主,渐渐地女孩们也加入到了游戏中,展现"女汉子"风采。而吊环项目孩子们一开始比试谁坚持的时间比较长,逐渐转变为拉着手环前行、摇晃等一系列不同类型的活动。这两者更受中大班以及男孩们的钟爱。而攀登墙则因其鲜艳的色彩、各异的形状、有趣的图案,更受女孩及小年龄段孩子的喜爱,孩子们可根据自己的能力以及需求进行挑战。

　　值得注意的是,无论是怎样的游戏场地、活动空间,只要我们充分考虑孩子的年龄特点以及发展需求,给予孩子一片天地,他们就会玩出不一样的精彩,在有限的活动场地,发挥无限的创造,获得无穷的发展。

(二)案例与分析二[①]

地点: 浙江省湖州市德清县第一实验幼教集团英溪桃源园区

时间: 2019年3月27日

背景介绍: 随着二胎政策的开放,学前儿童的数量开始增加,入托入幼的高潮也将来临。为了方便附近居民就近入园,也为了老百姓能在家门口有好园上,集团化管理的小区配套幼儿园逐渐增多。德清县第一实验幼教集团英溪桃源园区还在规划中,集团总园就已经深思熟虑起来。借鉴以往办园的经验,园领导十分清楚小区幼儿园的面积是有限的,如果碰到雨雪、雾霾等天气,孩子们便无法去户外场地上活动,那么他们的游戏只能是在室内。所以,幼儿园室内活动空间一定要大,要宽敞,才能满足孩子在室内活动量、活动半径的合理化。于是,园领导毫不犹豫地在设计的时候提出了"增加走廊游戏面积"的要求。

　　事实证明,当江南梅雨季节、冬季雾霾等麻烦天气连续上演时,英溪桃源园区的孩子们依然能在明亮的走廊上玩着各种角色游戏、建构游戏、体育游戏……

环境呈现: 见图(4-62、4-63、4-64)[②]

---

①文本提供:浙江省湖州市德清县新市镇士林中心幼儿园张益丽。

②张益丽2019年3月27日摄于浙江省湖州市德清县第一实验幼教集团英溪桃源园区。

图 4-62　幼儿园走廊活动区(1)

图 4-63　幼儿园走廊活动区(2)

图 4-64　幼儿园走廊活动区(3)

环境创设分析：我们选取了德清实验一幼英溪桃源园区室内走廊上的角色游戏区为重点分享的环境创设对象。从图4-62中我们能感受到幼儿园室内走廊的宽敞，同时也看到了这块走廊上有警察小屋、交通指示牌，地上贴有明显的斑马线，还有卡通警车和儿童车数辆——在这里孩子可以玩角色扮演，也可以骑上小车四处游历。从图4-63中我们可以清楚地看出这块区域跟前面的区域是互通式的，有不同的商店模型，还有几辆可以载人的小车。而图4-64则是一辆贴墙而做的消防车模型，上面有可以互动的消防员玩具装备，可以供幼儿角色扮演时穿戴。整个二楼楼层的室内走廊都是以车贯穿，适合幼儿年龄特点。

 事例

　　因为下雨，今天只能在室内玩，但是孩子们的心情却没有被雨天影响到，他们依然开心地玩起了室内走廊上的玩具，其中消防站是孩子最喜欢的地方。只见涛涛、鑫鑫、乐宝几位男孩子迅速跑到消防站占了位置。涛涛很有领导才能，他在这些孩子中总会有话语权，所以他告诉大家等会由他接报警电话，还特别交代了同伴们等会玩"救火游戏"时要各自负责所拿的消防器具。分配完成后，他们开始自编自演地玩了起来:涛涛假装接到电话,说二楼图书室有火苗,需要消防员去帮忙。而后其他孩子忙碌地穿起消防服、戴上安全帽,有的握着灭火枪,有的提着灭火器就朝着另一边的图书阅览室奔去……

虽然没有跟踪观察这群小小消防员的游戏,但从他们自编自演的过程中就会发现他们对游戏有了自己的想法和见解,这肯定与创设的走廊整体环境、玩游戏的次数有关。可见,一个设计合理、游戏功能多元的走廊环境也是十分重要的。

(三)案例与分析三①

地点:浙江省湖州市德清县新安镇下舍中心幼儿园

时间:2019年3月11日

背景介绍:《3—6岁儿童学习与发展指南》提出:"幼儿社会性是在日常生活和游戏中通过观察和模仿学习发展起来的,社会领域的学习与发展过程是幼儿社会性不断完善并奠定健全人格基础的过程,主要包括人际交往与社会适应。幼儿阶段是社会性发展的关键时期,良好的人际关系和社会适应能力对幼儿身心健康发展以及知识、能力和智慧作用的发挥具有重要影响。幼儿在与成人和同伴交往的过程中,不仅学习如何与人友好相处,也在学习如何看待自己、对待他人,不断发展适应社会生活的能力。"在课程游戏化的今天,该玩什么游戏,该如何玩游戏,幼儿能从游戏中得到什么成了游戏教育的重点。随着教育的发展,科技的不断进步,民俗传统越来越受到重视。让幼儿学习民俗,发展民俗教育已经成了不可缺少的一部分。结合民俗特点及幼儿教育现状,德清下舍幼儿园以"民间美术"和"民间体育游戏"为特色进行幼儿园走廊环境创设,丰富游戏种类,向幼儿展示传统文化的魅力。

环境呈现:见图(4—65、4—66、4—67、4—68)②

图4-65　幼儿园走廊(1)

图4-66　幼儿园走廊(2)

①文本提供:浙江省湖州市德清县新安镇下舍中心幼儿园蔡叶飞。
②蔡叶飞2019年3月11日摄于浙江省湖州市德清县新安镇下舍中心幼儿园。

图 4-67　幼儿园走廊(3)

图 4-68　幼儿园走廊(4)

环境创设分析：在走廊的墙面上幼儿园分别布置了斗鸡、大陀螺、滚铁环、踩高跷、捉迷藏、跳绳等民俗游戏的宣传板，配上一些有趣的图画、俏皮的文字和幼儿游戏时的照片，让幼儿从文字和图片两个角度去了解民俗游戏，简单易懂且富有趣味性，更容易激发幼儿的挑战欲。在挂饰的布置方面，着重挑选了具有民间美术元素的材料，如竹竿、麻绳、中国结等，运用民间的艺术表现形式制作了一些装饰物，既能够充分利用民俗材料，又能为幼儿呈现出民间美术的美，提高幼儿的艺术鉴赏能力，潜移默化地促进美育目标的达成。不仅如此，还在走廊的公共区域设置了以舞狮、龙凤、鼓为主要元素的活动角——"龙的传人"，以民俗服饰、民俗首饰和其他装饰物为主要元素的活动角——"我型我秀"，以水墨画、彩绘等为主要装饰物的活动角——"水墨故居"，以糖葫芦、编织物等民间器物为主要元素的活动角——"玩转民游"。走廊不仅仅是幼儿园建筑的一部分，更在幼儿民俗教育中承担着重要的角色。通过对走廊的布置，让幼儿能够全方位多角度地了解"民间美术"和"民间体育游戏"，为幼儿的游戏提供了更多可选择的形式，让幼儿在游戏中了解民俗，在游戏中学习传统文化，在民俗大环境的熏陶下回归极简的教育模式，为现代幼儿教育增添一抹生活环境与民俗文化交融的亮丽色彩。

事例

　　幼儿似乎对游戏有着天生的敏锐，一来到幼儿园，孩子们便三三两两地在走廊驻足，几张宣传板前面围满了幼儿。发现走廊变化的幼儿们欣喜不已，一会儿戳戳这，一会儿摸摸那，有的甚至尝试起了斗鸡。在自由活动的时间里，幼儿们再也不用为不知道玩什么游戏发愁了，大家成群结队地学着民间体育游戏的样子，所有人都乐在其中，就连平时最沉默寡言的幼儿也参与进去了。除了民间游戏，走廊的几个活动角也成了幼儿们新的游戏场所，有的幼儿穿上民间服饰，敲起鼓，跳起了简单的民族舞，有的幼儿正把发饰往头上扎，有的幼儿则是拿起笔在水墨丹青中流连忘返，有的幼儿更是学着电视剧里面的情节，几个人合作舞狮子呢！一些好奇心比较重的幼儿则是拉着我讲一些民间的故事，讲每种游戏的规则和由来,讲每个服饰和画的含义,在讲解的过程中,仿佛带着幼儿走过历史的一扇扇门,描绘出了中华民族文化的波澜壮阔。幼儿对于新事物有着强烈的好奇心,这次走廊的创设对于他们来说仿佛打开了新世界的大门。无论幼儿性格如何,总能在其中找到属于自己的快乐。游戏时间结束了,幼儿们却对这个"民"味十足的走廊依依不舍,回到教室还在讨论刚刚的游戏体验,甚至有的幼儿和我绘声绘色地讲起了游戏过程。

一千个人眼中有一千个哈姆雷特,一千名幼儿或许会喜欢一千种不同的游戏。我们应该不断创新,也应该尊重传统,所谓民间游戏,是历代孩童成长的珍贵记忆。"民间美术"和"民间体育游戏"主题的走廊创设改变了幼儿园的环境,也为幼儿提供了更多可尝试的新游戏,便于幼儿从中发现自己的兴趣,便于教师发现幼儿的优势与不足,使教育具有更好的针对性。这条"民"味十足的走廊就像是民间民俗的一个缩影,将每一处传统都深深印刻在幼儿的成长里。

第五章
幼儿园户外环境创设案例与分析

 幼儿园户外环境创设案例与分析之大型玩具

（一）案例与分析一[①]

地点：广东省珠海市容闳国际幼稚园

时间：2018年11月14日

背景介绍：大型玩具一直深受孩子们钟爱——他们从中可以体验到高处下滑带来的飞一般的感受。大型玩具一般由优质的塑料制成，有着丰富的色彩和造型；也有铁、绳、塑料结合的，能给予孩子不同的感受；还有一些是由木质材料制成的，一般不上漆，比较环保，色彩一般为原木色、咖啡色。大型玩具还有一个特点，就是可以根据需要拆解和组合，这让大型玩具变得更时尚，也更有多样性和实用性。

大型玩具一般会投放在塑胶、草坪、泥地之上，这样做的原因大家都知道，还是出于安全的考虑。那么除了这些传统的做法，还有什么地方也可以保证安全地投放使用呢？投放到那里是让大型玩具更有趣好玩了，还是会给游戏活动带来不便呢？经过商讨，容闳国际幼稚园的老师们想了一个大胆的设计，并在幼儿园的建造中进行了尝试！

环境呈现：见图（5-1、5-2）[②]

环境创设分析：珠海容闳国际幼稚园融合了中西方教育之精髓，主张"给孩子一个快乐童年"的教育理念，营造"民主、平等、开放、自由"的教育生态环境，倡导"关注个体、尊重差异、培养性格"，致力于让孩子的笑声传得更远，让孩子的思维变得奇妙，让孩子的视野越过国界。正因为这是一所定位"高端、国际"的民办性质的幼儿园，它的环境资源是相当丰富和精致的。以户外大型玩具为例，你会发现其中的与众不同：这是一组全实木材质的大型玩具，颜色是深咖，在白沙的映衬下显得特别醒目和高级；它的造型别致，仿佛是中世纪的城堡，尤其是那扇吊桥门，极具异国风味；它的功能齐全，不仅有旋转式的滑梯，还有秋千和攀爬架。最主要的还是这组大型玩具被放在了宽阔的白沙池里，这让游戏变得更加有趣。

---

①文本提供：浙江省湖州市德清县新市镇士林中心幼儿园张益丽。

②张益丽2018年11月14日摄于广东省珠海市容闳国际幼稚园。

图5-1 幼儿园户外大型玩具(1)

图5-2 幼儿园户外大型玩具(2)

事 例

　　开园至今,孩子们最喜欢的户外场所就是这个放置着大型玩具的大沙池了。每个孩子都有喜欢它的不同理由,有的孩子说:"我们的沙池真大,像个大沙漠。"有的孩子说:"我们的滑滑梯像个大城堡,我要在大城堡里当公主。"也有的孩子说:"我在沙池里玩累了可以在城堡里休息。"还有的说:"我最喜欢站在城堡上打怪兽。"不少小朋友说:"从滑滑梯上滑下来,屁股落在沙上一点都不疼。""天热或是突然下雨的时候,我可以躲到大型玩具里。"……从孩子的表达中,我们能感受到这个大型玩具跟沙池的组合是多么受孩子的喜爱呀!

　　值得一提的是,现在越来越多的幼儿园也在用这样的形式,把一些大型的玩具拆解搬到沙池里,让大型玩具变得更灵活更有意思。

(二)案例与分析二[①]

地点:浙江省湖州市德清县新市镇第一幼儿园

时间:2019年3月7日

背景介绍:新市镇第一幼儿园对当地小镇来说,是一所办园时间较为久远,承载了几代新市人的童年的幼儿园,园内许多活动器械都记录了孩子们成长的回忆。但是随着时间的流逝,很多器材已经老旧且有所磨损,存在着许多的安全隐患。于是,在2017年至2018年园所基建整改的时段里,幼儿园清理了原来破损、老旧或者存在一定安全隐患的大型玩具,并根据现在幼儿发展的需要与发展特点,有目的性地选择、添置了新的大型玩具,并开发了名为"蚕宝乐园"的大型游戏区。

环境呈现:见图(5-3、5-4、5-5)[②]

图5-3 幼儿园户外大型玩具(1)

图5-4 幼儿园户外大型玩具(2)

图5-5 幼儿园户外大型玩具(3)

---

①文本提供:浙江省湖州市德清县新市镇第一幼儿园沈依韵。

②沈依韵2019年3月7日摄于浙江省湖州市德清县新市镇第一幼儿园。

环境创设分析：这款户外大型玩具坐落于新市镇第一幼儿园东边的活动区域"蚕宝乐园"，放置于绿植草坪上，是一款集钻爬、攀爬、滑行、旋转、平衡等多项功能于一体的大型玩具。这款大型玩具占地面积大，整体呈线条状，并且以左低右高的趋势设置，单独配备有可垂直爬行的器材"蜘蛛网"。这款大型玩具的特点之一便是有多种功能可以供幼儿选择，也可以根据不同年龄段的幼儿及其发展特点，供孩子们选择适合自己的来活动。以滑行攀爬为例，滑梯有三种类型可供幼儿选择：短道直滑式滑梯、封闭式直滑梯、旋转式滑梯，一般刚进入幼儿园的小朋友，自身生理发展以及心理发展不如中大班的孩子，那么选择短道直滑式的孩子会偏多，以此为适应活动的桥梁。当然大型玩具的活动难易选择不仅于此，相对于所有的滑滑梯，攀爬类的整体就更加具有挑战性。此款大型玩具可供幼儿攀爬的有旋转式的绳网通道、垂直平面的蜘蛛网、垂直圆盘抓握攀登架和斜面攀岩板。为了提供更多的活动可能与选择，除了此款大型玩具原有的设备以外，还额外添置了利用PVC管组建出来的战地隧道、可活动使用的汽车轮胎作为补充性的辅助材料，除了有较大型的辅助材料以外，还另外放置了材料棚，内部放了各种低结构的材料，以便于孩子在活动时取用与组装使用。

事例

　　在户外活动时间，孩子们来到大型玩具场地，脸上是难掩的开心与兴奋。有的直截了当、目的明确地奔向了滑梯，几个尤为活跃的孩子不屑于短道直滑式的滑梯，更多的是将此滑梯当成通道，便捷、快速，他们更多的时候会选择旋转式滑梯，不仅有一冲而下的速度感，而且因为阳光的照射，塑料滑道与身体之间不断摩擦产生了静电现象，这一现象仿佛给整个滑行过程增添了一把"魔术般"的效果，听着耳边细小电流产生的"噼啪"声，看着自己的长发因为静电而"怒发冲冠"的模样，互相指着对方的头发大笑道："快看你的头发！""你的头发也是这样的。"乐此不疲地重复行为，感受现象。或者抓一抓滑梯上方的横杆，像只猴子一样在横杆上悬挂着、眺望着，等到自己坚持不住了，便放心大胆地松开手，直直地躺下，顺着滑梯的走势而下，另有一番乐趣，特别是男孩子们，会因此而互相比较，看谁坚持的时间久，看谁滑得快。女孩子们虽然喜欢滑梯，但是也从不缺乏喜爱挑战的孩子，选择直立圆盘攀爬架，手脚并用，一手向上抓握时，眼睛紧紧地看着自己的脚，寻找是否有合适下脚的地方，从一开始的爬上高处，害怕到手足无措以至于没办法松开手挪动脚，只能向老师求助，到能自己七手八脚地到达顶端，最后是熟练地手脚并用向上攀登。当然，材料中的攀爬不仅于此。初识大型玩具的男孩子们对旋转式的绳网通道有一种莫名的征服兴趣，别看绳网通道旋转上升、看似不高，但是在爬行的过程中，从开始的第一步便是充满了挑战，首先从高处向下爬，得征服处于高处的恐惧感，特别是脚底下的绳网是镂空的，脚下的风景一目了然，一开始总有几个孩子会被这样的悬空感所打败，止步不前，但是在整体氛围的带动下，在不断的观摩考虑的过程中，最后依然走上了挑战之路。

还有些孩子们,玩够了固定的项目,利用起轮胎等辅助性材料,例如在滑梯的末端放上几个轮胎,在一滑而下之后,还可以起身走一走轮胎小桥或者跳一跳轮胎陷阱,为自己的活动增添不一样的趣味,直到活动的结束,仍旧意犹未尽,即便收拾好左右的材料,眼神也是依依不舍地留恋在大型玩具上。

值得一提的是,在活动过程中,孩子们除了会按照原有的活动方式活动之外,还会创造出不一样的活动,例如换个方向爬一爬绳网隧道;给短道滑梯延长道路,做个轮胎跳桥;以隧道为基础,创想出"时光隧道",来一场小仙女的变身记;推着轮胎,来一场属于自己的"汽车旅行记";钻过绳网隧道便是钻过山洞,绕过大型玩具便是一场兜风之旅。孩子们甚至还会从其他的区域当中带来一些需要而当前区域中没有的材料,如使用软垫,在自己没有把握攀高的时候,就会使用软垫来保护自己,从安全角度上来说,是推动孩子利用已有的安全经验保护自己,显示出一定的自我保护意识;或者搬来几块长木板,为这大型玩具开拓新道路,在你来我往中,在一言一行中,衍生出各种奇妙想法,或是角色扮演,或是技能发展,乐趣无穷。大型玩具不再局限于其原有活动与功能,而是一个更加具有融合性的场所,孩子们以大型玩具为基础,或是投身于原有功能,或是致力于再次创造,利用辅助材料为大型玩具添砖加瓦,增加了更多的可能与趣味。

(三)案例与分析三[①]

地点:浙江省杭州市省级机关北山幼儿园

时间:2016年11月16日

背景介绍:幼儿园、小区、公园等游戏场地的户外大型玩具基本上都会带有滑滑梯,孩子们也特别喜欢玩滑滑梯的游戏,总是乐此不疲地玩着。但是通过调查我们发现,虽然这个游戏项目孩子们很喜欢玩,对小班、中班、大班的孩子都很有吸引力,但是,不可否认,年龄更大一点的孩子会渐渐失去玩滑滑梯的兴趣,特别是在幼儿园,很多孩子常常表示滑滑梯很没有意思,为什么会这样呢?通过深入访谈,我们发现大部分孩子觉得滑滑梯的滑梯长度太短了,好像才坐上去就滑到底了,还没体验到滑的过程中的快乐就结束了滑行,所以,孩子们慢慢地失去了玩滑滑梯的兴趣。北山幼儿园了解到这一情况,特组织了滑滑梯大型玩具设计小组,根据孩子们的要求,设计了一款户外大型玩具。

环境呈现:见图(5-6)[②]

---

①文本提供:湖州师范学院教师教育学院赵海燕。
②赵海燕2016年11月16日摄于浙江省杭州市省级机关北山幼儿园。

图 5-6　幼儿园户外大型玩具

环境创设分析：这款户外大型玩具，集钻爬、攀爬、滑行、旋转等多项功能于一身，特别是封闭式旋转滑滑梯长度有 10 米左右，占地面积与同类大型户外玩具相比较要更大一些，玩具的上下通道多达六条，玩具上孩子们走的过道也比较长、比较宽，有利于孩子们的活动，过道边上均有较高的护栏，有利于孩子们的安全。这款玩具满足了不同游戏要求、不同游戏水平的孩子，受众很广，而且这款大型玩具还配备了一些低矮的滑道，可供年龄较小的孩子玩耍。

事例

　　周一，孩子们来到幼儿园，看到大家努力设计的这款大型玩具安装好了，都十分兴奋。到户外游戏时间了，孩子们纷纷奔跑过来，有的走索道，有的走梯子，有的爬攀登绳网，几个特别活泼的孩子爬上了二层，来到封闭式旋转滑滑梯的入口，迫不及待地钻了进去，在旋转着往下滑的过程中一直尖叫不断，下来了之后，也一直兴奋地蹦跳着："老师！老师！太过瘾了！太过瘾了！"孩子们在上面一会儿坐一下滑滑梯，一会儿又去攀一下绳网，一会儿去索道里钻一钻，忙碌地来回奔波，玩了足足四十多分钟还意犹未尽，好不容易把孩子们带回教室，他们一路上叽叽喳喳地说着、笑着、闹着，对这款户外大型玩具十分满意，玩得也十分满足。老师们也很开心："只要孩子们玩得开心，我们就是做了对的事。"通过观察，我们发现各年龄班的孩子对这款户外大型玩具都十分满意，有的孩子只在玩具的一层上玩耍，有的孩子喜欢在二层上玩耍；有的孩子喜欢坐滑滑梯，有的孩子喜欢钻索道，有的孩子喜欢爬上爬下，孩子们都找到了自己的方式来玩这款户外大型玩具。

值得注意的是，还有些孩子很喜欢去后面低矮的滑道上玩耍，或是当作在走平衡木，或是坐在上面当木马骑，或是当作障碍物在下面钻来钻去，或是当作小汽车的跑道，做起角色扮演的游戏来，等等，孩子们开发了多种游戏的方式，也是十分的有趣。

（四）案例与分析四[①]

地点：浙江省杭州市省级机关北山幼儿园

时间：2016年11月16日

背景介绍：我们常常看到公园、儿童游戏场所里有很多锻炼幼儿攀爬能力的大型户外玩具，形式多样，类型丰富，融多种游戏项目于一体，很得幼儿的喜爱。鉴于此，幼儿园群策群力，因地制宜，在几棵玉兰树的掩映下，设计了集钻、攀、爬、走于一体的户外大型玩具。

环境呈现：见图（5-7、5-8）[②]

图5-7　幼儿园户外自设计组织大型玩具正面

图5-8　幼儿园户外自设计组织大型玩具侧面

环境创设分析：这一大型玩具有四层，集钻、攀、爬、走于一体，玩具内部宽广，基本能容纳20名左右的幼儿同时玩耍。玩具主体部分由厚实的钢铁铸成，十分牢固；玩具的外围防护栏很高，有1.2米左右，部分地方为网状封闭式，能很好地保证幼儿的安全；玩具下方铺垫了木制地板，防止幼儿从玩具上下来奔跑时跌倒受伤，而且玩具四通八达，很是方便幼儿玩耍。

---

①文本提供：湖州师范学院教师教育学院赵海燕。

②赵海燕2016年11月16日摄于浙江省杭州市省级机关北山幼儿园。

二 幼儿园户外环境创设案例与分析之攀爬区

（一）案例与分析一①

地点：浙江省湖州市德清县洛舍镇中心幼儿园

时间：2019年3月6日

背景介绍：爱玩是孩子的天性，刺激、冒险更是孩子们心底的渴望。其中攀登架是发展大肌肉运动的一种游戏形式，更是户外大型玩具中孩子们喜欢参与、乐于挑战的一项活动器械。德清县洛舍镇中心幼儿园是一所乡镇幼儿园，以前只有一面用绳子制成的网状攀爬墙。孩子们常常反馈想玩却因人多轮不到玩；老师也发现因为各种原因有些绳结已经散了，甚至有些绳子已经腐烂了，因而存在安全隐患。

面对这样的现状，幼儿园开始借助筹办新园的契机，把营造一个形式多样、安全牢固的攀爬场所作为重点考虑，并在选址、选材上也有了仔细的考量。

环境呈现：见图（5-9、5-10、5-11）②

图5-9　幼儿园户外攀登架（1）（整体）

图5-10　幼儿园户外攀登架（2）（局部）

图5-11　幼儿园户外攀登架（3）（局部）

---

①文本提供：浙江省湖州市德清县洛舍镇中心幼儿园李晓贤。

②李晓贤2019年3月6日摄于浙江省湖州市德清县洛舍镇中心幼儿园。

环境创设分析:洛舍镇中心幼儿园的攀登架,充分利用玩沙区空间,在不规则的玩沙池的边缘砌起墙面,一能遮挡杂物进入沙池,二能充分利用墙面空间丰富幼儿户外活动区域。考虑全园幼儿的参与,以及幼儿动作发展、年龄特点等多方面的差别,于是利用不同的材料,如麻绳、木棒、轮胎等设计攀登架,设计了传统式、蜘蛛网、软梯等不同形式的攀登区域。不同材质、不同攀登形式的区域,能满足孩子不同的发展需求。将沙池与攀登架巧妙地融为一体,不仅丰富了活动内容,满足了不同幼儿的需求,同时也为幼儿攀登提供了安全保障。

事·例

　　在户外自主游戏时间,孩子们非常兴奋地跑到沙池,兴奋地看着墙上的攀登架喊道:"哇,这个好高,我们可以爬上去吗?""我想试试这个梯子。""这个像蜘蛛网一样的爬上去会不会像蜘蛛侠一样酷。"孩子们开始走向自己喜欢的攀登区,几个调皮男孩子首选来到蜘蛛网状的攀登区,双手抓住上面的绳子,左右脚分别站在绳子上,像一只小蜘蛛一样"趴"在网上不愿下来。大胆的孩子来到了软梯区,双脚踩在木棍上,双手抓住旁边的绳子,软梯会左右晃动,让他们感到刺激又具有挑战性,尝试往上爬,爬到高处会喊:"耶!我成功了!"另一些孩子会先去传统的攀登区尝试,在游戏几次后才会去其他区域挑战。在多次游戏之后,攀登区也成了女孩和一些文静的男孩子喜欢活动的区域。

　　创意、挑战、趣味融于一体的攀登架,其独特的创意,吸引着孩子们的活动兴趣,让他们乐此不疲地来此游戏、挑战,看着灵活攀爬的孩子们,我们觉得一切的付出和守护都是值得的!

(二)案例与分析二[①]

地点:浙江省湖州市德清县雷甸镇第二幼儿园

时间:2019年3月8日

背景介绍:攀爬是孩子健康领域中的一个动作,从婴儿时期对孩子进行的早期教育就是以爬为主,直到幼儿园攀爬这个动作仍是一项很重要的技能动作。除了年龄、行为特征外,对于孩子本身来说也特别喜欢攀来爬去的,每次一拿出垫子、梯子、轮胎等材料孩子总是想攀一攀、爬一爬,大班、中班、小班每个年龄段的孩子均是如此。虽然梯子、轮胎这些低结构的材料很容易激发孩子的创造性,但是孩子玩了一段时间后就渐渐失去了兴趣,特别是大班的孩子玩的时候不像以前那样有积极性,玩法也不再创新。通过交流,我了解到孩子觉得这些材料老是玩不再新鲜,也没有挑战性,玩法也已经局限,根据孩子的兴趣爱

---

① 文本提供:浙江省湖州市德清县雷甸镇第二幼儿园邓晨。

好,为满足孩子的需求,我们新增了大型攀爬玩具与攀岩网。

环境呈现:见图(5-12、5-13、5-14、5-15、5-16)①

图5-12　幼儿园户外攀爬区(1)

图5-13　幼儿园户外攀爬区(2)

图5-14　幼儿园户外攀爬区(3)

图5-15　幼儿园户外攀爬区(4)

图5-16　幼儿园户外攀爬区(5)

①邓晨2019年3月8日摄于浙江省湖州市德清县雷甸镇第二幼儿园。

环境创设分析：这款户外攀岩大型玩具面积较大，能容纳一个班的幼儿同时进行游戏，有爬梯子、爬轮胎、爬网、爬柱子、爬绳子等功能。在柱子与柱子间，我们还绑了两根麻绳，孩子可以双手攀住麻绳，脚走在绳索上，锻炼了孩子手的攀抓能力与身体的平衡能力。在大型玩具最左边，我们用网自制了一个攀岩网，用绳子和木棒做了一个梯子，对照《3—6岁儿童学习与发展指南》健康领域中的教学建议，我们还悬挂了长短不一的四根绳子，让不同身高的幼儿都能抓到绳子并吊空悬挂。就这样将大型玩具上所有空余的空间更好地利用起来，孩子的自主选择机会也更大了。攀岩网两边互通，胆大的孩子可以从一边爬上去然后翻过顶端从另一边爬下来。在树与树之间我们也绑上了绳子，孩子可以进行爬绳索。在大型玩具的前面，有一块空旷的地方，我们也利用起来，放上箱子和梯子、轮胎，孩子可以自主搭建练习爬梯子。

事例

　　户外自主区域时间到了，孩子们看见新整改的场地都非常开心，兴奋地冲了过去，有的爬绳索，有的爬攀岩网……大家三个一群、五个一伙地各自找地方玩了起来。半个多小时中大家把所有的材料都玩了个遍，嘴上还一起讨论着哪个最好玩，应该去玩哪个。一个孩子走过来说："老师，这个新玩具真好玩。"我说："你们喜欢就好。"孩子看着大家都在玩大型玩具，看了看边上空着的梯子、轮胎说："这些梯子、轮胎可以放过去一起玩吗？"我点点头。孩子马上开心地奔跑过去，拿起梯子架在柱子间的绳索上，这样一来，孩子爬梯子的时候绳索的晃动带着梯子一起晃，他小心翼翼地爬过梯子，然后跳着大喊："快到这里玩！"其他孩子也纷纷过来把所有的材料都组合在了一起。活动结束后，大家在活动室里分享着游戏的喜悦，有的说："我能从攀岩网的这边爬到对面！"有的说："我能爬上绳索！"有的说："我能爬上软梯子！"……孩子们滔滔不绝地讲着，最后都表示还没玩过瘾，明天还要去玩。

三 幼儿园户外环境创设案例与分析之骑行区[①]

地点：浙江省湖州市德清县新市镇第一幼儿园

时间：2018年9月22日

背景介绍：骑车是最让幼儿快乐和兴奋的运动游戏之一，他们可以尽情地用力蹬车，快速地行进，体验快慢的速度；也可以带着小伙伴转一转，体验好朋友在一起的快乐。新市镇第一幼儿园刚开始将骑行区放在了中间的大操场上，平时都是让孩子挑选车自己玩，

---

① 文本提供：浙江省湖州市德清县新市镇第一幼儿园沈东钰。

慢慢地骑了一会儿孩子就没有兴趣了。老师们通过观察、研讨和与小朋友的谈话中渐渐发现,造成孩子对骑车区兴趣下降的原因主要有两个——车子数量少、骑行场地太普通。的确,操场面积就那么大,也没什么地势变化,骑起来不好玩;常年风吹日晒雨打之下,车子的报废很频繁,使车子的数量逐渐变少。

知道了问题的所在,幼儿园打算在暑期维修中把骑车区等户外环境创设来一个改头换面的更新与优化。于是,重新对幼儿园的户外区域大调整,又购买了品种多样的车子,一切就绪,只等开学后让孩子们来检验这回的骑车区创设到底有没有效果。

环境呈现:见图(5-17、5-18)①

图5-17　幼儿园户外骑车区(1)　　　　图5-18　幼儿园户外骑车区(2)

环境创设分析:首先,幼儿园把骑车区从中心操场搬到了教学楼的左侧,并古色古香地建造了一个停车用的长廊,便于取放。其次,幼儿园增加了许多的材料,如增添了小三轮车的数量,并增加了交通标志牌和红绿灯,利用教学楼下的过道和空地,在地上划分了停车场地,专门用来停放小车,便于取用。最后,幼儿园把可以骑车的场地逐渐扩大,不再限制儿童的骑行范围,允许孩子围绕幼儿园任意骑行。骑行的区域变大了,顺着空地往北骑可以到达建构区,在建构区里也可以利用小车来搬运材料,还会经过涂鸦区,为孩子们的骑行之旅增添了乐趣。在道路中也放置了标志,使孩子们在骑行中认识到红绿灯和标志牌的作用,在游戏中领会遵守交通规则的重要性,增强他们的安全意识。

事例

　　骑行区改造完成后,来到骑行区的孩子们发现骑行区变了样,开心得不得了,纷纷走到停车场里挑选自己喜欢的车子。跳跳选择了一辆后面有小框子的车,骑了车出来开始喊:"我要出发啦,谁要坐我的车呀?"小宇马上跑了过来对跳跳说:"我要坐车去一个地方。"跳跳说:"那你快上来呀,我要出发了!"他们两个

---

①沈东钰2018年9月22日摄于浙江省湖州市德清县新市镇第一幼儿园。

开心地骑着小车走了,骑着骑着在转弯的地方差点和辰辰撞了。辰辰说:"这里太危险了,不能骑得太快,我去搬个提示牌来吧。"跳跳说:"好! 我和你一起去搬。"他们一起把慢速行驶的标志放在了弯道上,其他的小朋友看到后都放慢了车速。看到有人拿标志了,一些小朋友也去拿来了标志并寻找摆放这些标志的合适位置,有的小朋友骑着小车带人,有些自己骑着去建构区搬运材料,有的小朋友绕着教学楼骑行,有的小朋友当起交警指挥交通。孩子们的游戏形式更多样了,真是十分有趣。在结束骑行后小朋友们都把小车推入地上画好标志的小车库里,方便下一次玩的时候再取。

骑行这一项运动不仅可以锻炼孩子们的腿部、足部肌肉力量,还可以锻炼孩子们身体协调性,运动可使孩子胃肠蠕动增加,胃肠消化能力增强,食欲增加,营养吸收完全,使孩子发育更好。骑行也是一种非常好的生活方式,可以发展孩子的语言能力和社会交往能力。

幼儿园户外环境创设案例与分析之沙水区

(一)案例与分析一[①]

地点:浙江省嘉兴市桐乡市实验幼儿园

时间:2018年12月13日

背景介绍:沙和水的组合永远是儿童最喜欢的天然玩具。它们虽各不相同,却能互相包容、互相成就——沙有了水的注入更容易塑形,水有了沙的加入更添趣味。于是每个幼儿园总会在室外建造一个沙水区。

玩沙场地往往放在户外,所以常常会碰到这样的困扰:天太热时,孩子在沙里会倍感炙烤;刮大风时,风沙会不够卫生;雨天时又不方便在外面。遇到这样的情况,要么缩短玩的时间,要么在沙地里放几顶遮阳伞遮阳避雨。这个时候,孩子们总会说:如果能在房间里玩沙多好呀! 桐乡市实验幼儿园的老师们也曾这么想,但放在室内的沙水池会因为太潮湿而滋生不安全因素。但她们觉得可以让孩子的想法在户外得以实现。于是她们通过外出学习、查找资料,并请专业的团队打造了一个全新的沙水区。

环境呈现:见图(5-19、5-20)[②]

①文本提供:浙江省湖州市德清县新市镇士林中心幼儿园张益丽。
②张益丽2018年12月13日摄于浙江省嘉兴市桐乡市实验幼儿园。

图 5-19　幼儿园户外玩沙区(1)

图 5-20　幼儿园户外玩沙区(2)

环境创设分析:桐乡市实验幼儿园的玩沙池也在户外,但经过整体的设计和改造后,新的沙水区在美观和实用性上得到了较完美的结合。玩沙池的整体外部造型是一个圆柱形的木头结构,顶上用玻璃覆盖,既采光良好,也不怕下雨。圆柱形四周采用的都是框架结构,一共有三层,除了最上面一层也用了玻璃外,其余两层是镂空的,除了能起到通风散热的作用外,还能在上面摆放物品。四周共有四扇门,可以有效避免孩子进出时的拥挤。

　　走进玩沙池的内部,映入眼帘的结构化造型有着独特美感。接着来看看孩子要玩的沙池。沙池很大,被实木铺就的行走通道分为内外两层。围绕中心柱子的沙池面积较大,分别摆放了许多可以供幼儿玩沙的工具和低结构材料;外层由于被四条进出通道划分出了四个小型独立沙池,可以供幼儿自主选择。

　　　　经过一个暑假的改造,幼儿园的沙水区成了幼儿园最亮丽的风景之一,现在无论是刮风还是下雨都不用担心会错过玩沙玩水了。进入了12月,气温也低了不少,今天正好又轮到小班到沙水区玩。老师其实还是有些担心小班孩子会不会被冻坏,于是征求孩子们的想法,小家伙们一听不能去立马失望,纷纷表示"不怕冷"。老师仔细想了想《3—6岁儿童学习与发展指南》中曾提到过要求"儿童能在较冷较热的户外环境中坚持半小时以上的活动",最终决定带孩子们走出教室。当孩子们穿上玩沙装备,热火朝天地玩起来时,真是庆幸有了这样一个暖心的沙水区设计,才让孩子有了更多玩游戏的机会!

（二）案例与分析二[1]

地点：浙江省湖州市德清县新市镇第一幼儿园

时间：2019年4月18日

背景介绍：新市镇第一幼儿园的户外环境比较大，尤其有一块大面积的原生态场所。随着"安吉游戏"的推广，具有地理优势的新市一幼也顺利地成了实践园。老师们都知道，幼儿喜爱水似乎是一种天性，只要有时间、有机会他们总爱在水里玩耍。为了满足幼儿对水的喜欢，激发幼儿的好奇心和探索欲，幼儿园改造了以前面积小、利用率不高、安全系数不大的水池，打算营造玩水区的纵横交织的形态，让幼儿能在大自然的怀抱中生长，还孩子一个朴实、自然与平和的幼儿园，让实实在在的生活链接儿童的游戏。

环境呈现：见图（5-21、5-22、5-23、5-24、5-25、5-26、5-27、5-28、5-29）[2]

图5-21 幼儿园户外玩水区（1）

图5-22 幼儿园户外玩水区（2）

图5-23 幼儿园户外玩水区（3）

图5-24 幼儿园户外玩水区（4）

---

①文本提供：浙江省湖州市德清县新市镇第一幼儿园沈东钰。
②沈东钰2019年4月18日摄于浙江省湖州市德清县新市镇第一幼儿园。

图5-25　幼儿园户外玩水区(5)　　　　图5-26　幼儿园户外玩水区(6)

环境创设分析:幼儿园通过改造,给孩子们打造了一个环境优美、趣味盎然的生态游戏场。用鹅卵石打造了一个圆形的水池,保证了孩子在水中的安全性;在水池里纵横开出了两条渠道,延伸在绿色草地中,把水池的广度延伸到了附近的休闲区;水池边增添了许多材料,水池里有抽水机,水池旁边放着许多PVC水管,方便幼儿拿用取放,还有桌子、椅子、大脸盆等,水池旁边还有一个材料架,架子上放着网兜、沙水玩具、小水桶、水枪等,还有一个材料架上挂着孩子们的下水裤……总之,高低结构的材料应有尽有,保证孩子活动所需,让孩子们的游戏形式变得更加丰富有趣。

事例

　　玩水区是幼儿最感兴趣的区域之一,游戏一开始孩子们纷纷拿着网兜、小水桶,选择自己喜欢的材料,穿着下水裤开始在水里玩耍。

　　图5-27"美味的汤汤"。孩子们拿着网兜纷纷下了水,升升:"诶,这是什么呀?"思思:"我们用网兜把它捞起来。"原来是一块石头。思思:"这里还有树叶呢!"升升:"这里捞完了,我们去小水渠里看看吧,还有好多树叶,我们也捞起来吧。"蔓蔓:"你们的树叶给我吧,我给你们做汤,我做得很好吃的。"孩子们把石头、树叶、草地上的各种小草都变成他们的小食材,放在"锅子"里做成美味的"石头汤""树叶汤"。孩子们借助着大自然和各种材料丰富着自己的游戏内容。

　　图5-28"小船摇啊摇"。孩子穿着下水裤来到小水池里,他们把旁边的材料框子、大盆都拖下了水,一个小女孩一手拿着木板,一手拿着洒水壶站在框子上,开始用木板划水,还大声地吆喝:"谁要上来和我一起划船呀?"有些小朋友把大脸盆拖到了水池里,人往大脸盆里一坐,开始摇啊摇,把大盆当成小船,可真开心啊。还有小朋友把小桌子翻了个底儿朝天,翻过来的桌子也变成了小船,真有趣啊。孩子们利用各种材料,在游戏中发挥自己的想象力,丰富了游戏形式。

图 5-27 幼儿园户外玩水区(7)　　　图 5-28 幼儿园户外玩水区(8)

图 5-29 "过桥挑战"。在水渠边,孩子们遇到了困难——水渠对于孩子们来说比较宽。一些孩子想要跨过这个水渠,还有些小朋友则搬来了小梯子搭成小桥,挑战通过小桥的游戏。孩子们在游戏中会自己尝试去解决问题,在挑战小桥的游戏中还发展了身体的协调性。

图 5-29 幼儿园户外玩水区(9)

这里有许多的材料和自然物,满足不同年龄段幼儿的需求,凭着自己丰富的想象力去创造、移动各种材料,满足自己身体运动、交往合作等身心发展的需要,享受着阳光和空气下的快乐游戏,实现着在游戏中创造、在游戏中自我发展的价值。

五 幼儿园户外环境创设案例与分析之饲养区[①]

地点: 浙江省湖州市德清县新市镇第一幼儿园

时间: 2019年4月20日

背景介绍: 饲养区是孩子们接触大自然的一片小天地。在喂养活动中,引导幼儿感受生命、了解生命、珍惜生命,萌发幼儿爱护动物、亲近自然的情感。观察、照顾动物能激发幼儿好奇心和求知欲,培养幼儿对周围事物、现象的兴趣以及幼儿动手动脑、探究问题、观察事物等方面的能力,幼儿园饲养区活动能让幼儿真切地感受到动物的生长变化,感受到动物生命的存在,感受到自己的行为与动物生长之间的关系,所以我园也建造了一个饲养区。

环境呈现: 见图(5-30、5-31、5-32)[②]

图5-30 幼儿园户外饲养区(1)

图5-31 幼儿园户外饲养区(2)

图5-32 幼儿园户外饲养区(3)

---

①文本提供:浙江省湖州市德清县新市镇第一幼儿园沈东钰。

②沈东钰2019年4月20日摄于浙江省湖州市德清县新市镇第一幼儿园。

环境创设分析:幼儿园的饲养区原本是一片小灌木丛,这片区域只有观赏性、美化环境的作用,而幼儿对小动物的兴趣非常大,于是我园对灌木丛进行了环境改造。把原来的灌木丛开辟成了小动物的饲养区。在草地上搭上了小动物住的木头房子,方便孩子们每天观察小动物的生活习性和成长过程,培养了幼儿的观察能力、动手能力和对小动物的爱心。饲养区里饲养了温顺的小孔雀、小羊、小兔,孩子们都很喜欢它们,把它们称为"新朋友",每天都会跑去观察它们,并很有爱心地给小动物们喂食,有的忙着和小动物说话,还有的小朋友会用绘画的形式来记录小动物的成长。饲养区增加了孩子们与大自然亲密接触的机会,使孩子们增长了知识、培养了爱心,很受孩子们的欢迎。通过和小动物的亲密接触,孩子们更了解小动物,更懂得爱护小动物、善待小动物了。

事例

　　饲养区改造完成后,孩子们看到饲养区里可爱的小动物,开心得不得了,禁不住小动物的诱惑,纷纷跑去认真地观察它们。小羊:"咩……"婷婷:"小羊,你好!"小朋友纷纷和小羊打招呼,并很有爱心地给小羊喂食。有的孩子起先还有些胆怯不敢靠近,慢慢地,越靠越近:"小羊你吃我手里的草吧!"结束时,孩子们依依不舍地跟小羊再见:"再见,小羊,我们还会来看你哦!"通过喂养小羊,孩子们对可爱的小动物又增加了一份浓浓的关爱之情。

　　六六:"哇,这里是什么,有一只大鸟,好漂亮呀。"毛毛:"这不是大鸟,这是孔雀。"豆豆:"这是孔雀,爸爸带我去动物园看过的。"瑶瑶:"这里有小兔子。"蔓蔓:"小兔子爱吃萝卜和青菜的。"茜茜拔了一点小草开始喂小兔子了,小兔子也爱吃小草,小朋友们争先恐后地来看小兔子,喂小兔子吃草,摸摸小兔子。有小朋友想给孔雀喂草,小予说:"孔雀不吃小草。""那它吃什么呀?"……孩子们围着饲养区里的小动物叽叽喳喳地讨论个没完。一会孩子们准备回教室了,孔雀从栅栏里探出头来,小朋友们都和孔雀说"再见再见"。回到教室里孩子们还是对小动物很感兴趣,与教师一起了解了小孔雀喜欢吃青菜、白菜、水果等。小朋友们很兴奋,说明天还要去看小孔雀,要去给小孔雀喂吃的。

　　小动物的加入让幼儿园多了一丝生机,不仅给孩子带来了欢乐,还让孩子学会了主动打招呼,从小懂礼貌,增长了知识,照顾动物还能让他们重新获得一份别样的责任心锻炼。这些弱小生命的出现让孩子们感觉自己变得很强大。他们担负起喂养工作,这是责任心培养的最佳时机,也是孩子们自我教育的良机。饲养区使孩子们对小动物有了关爱之情,有了保护生命、尊重生命的情感,更为幼儿提供了亲近大自然的机会。

六 幼儿园户外环境创设案例与分析之种植园区

（一）案例与分析一[①]

地点:上海市安庆幼儿园

时间:2015年12月29日

背景介绍:在惜土如金的大上海,要有一块空地来种植农作物是一件多么奢侈的事情。但是种植活动的意义却很大,它能激发儿童对植物细心照顾的关爱之情,它能推动儿童持续的观察和学习,在记录交流中培养良好的学习品质,因此种植园地必不可少。

上海安庆幼儿园的老师们自然也深知这个道理,所以她们想方设法去为儿童创造一个种植区域。然而在"场地欠缺"的窘迫中"见缝插针"地开辟一块种植区是件很难的事情。最后,她们放弃了成片种植的考虑,转向"小而散"的思路,沿着这个想法老师们终于找到了一个不错的解决方案。

环境呈现:见图(5-33)[②]

图5-33 幼儿园种植园地

环境创设分析:如何能在"小而散"的思路中找到解决的方案,我们在安庆幼儿园的种植园地创设里找到了答案。在图中我们可以看到许多高低不同类似花坛的种植园地,它们有的是单圆、有的是双圆、有的是三圆组合,除了让种植场所变得美观外,还特别实用。为什么说实用呢? 一般的种植都是直接在地平面上,虽然中间有小路可供孩子走动,但是孩子一投入到活动中就会忘却规则,踩踏植物时有发生;观察记录时,因为要蹲着观察,其

---

①文本提供:浙江省湖州市德清县新市镇士林中心幼儿园张益丽。

②张益丽2015年12月29日摄于上海市安庆幼儿园。

实很累也不容易操作,而像这样高于地平线的种植,能让儿童坐着、趴着观察外,还能防止踩坏农作物。

每一个种植区域的边角都制作得很圆润,而表面却保留适度的粗糙,这样能保证儿童在种植、观察等环节中的安全。不同色度的蓝色瓷砖拼接出线条,给种植区增添了动感。在种植区中间,还有一处水源,可以随时取水浇灌植物。

事例

　　前不久,我们班的孩子在认领的种植小坛里种上了土豆,同时还在班级的花盆里也种上了土豆。孩子们隔三岔五就会记录两个地方种的土豆有什么不一样的地方。约莫两周过后,辉辉拿着记录纸跑来问老师:"老师老师,为什么盆里的土豆苗长高了,外面种植区里的土豆还没动静呢?"他的问题引来了在旁边玩拼图的浩浩、青青等小朋友,他们纷纷发表自己的观点:"会不会我们水浇得少了?""会不会是种在外面的土豆被人挖走了?""肯定是因为房间里暖和所以盆里的土豆先长苗苗了!"孩子们各抒己见,所表述的观点还是有些道理的:班级里的土豆每天都会有人去加点水,大家都呵护得不错,那外面的土豆到底怎么样了呢?为了寻找这个问题的答案,大家提议去种植区瞧一瞧……来到户外种植园地,孩子们围在四周,发现土豆真的没有什么动静。辉辉建议挖开泥土瞧瞧种下去的土豆到底还在不在。几个男孩子找来工具,小心挖开泥土,看到了土豆正静静地埋在其中,好几颗土豆已经冒出了短短的小芽。看到此景,孩子们放心了。但是为什么种植区里的土豆会长得比盆里的土豆慢呢?这个问题,孩子们打算好好研究!

在种植区里,孩子可以有机会去尝试使用不同的工具、尝试劳动带来的收获,也可以去发现和探究……而这些就是基本素养的萌芽,也是培养完整儿童的途径之一。

(二)案例与分析二①

地点: 广东省广州市幼儿师范学校附属幼儿园

时间: 2018年12月16日

背景介绍: 繁华的广州,跟上海一样,都是经济发达、寸土寸金的地方。广州市幼儿师范学校附属幼儿园坐落在幽静的居民区内,是一所经过了100多年历史积淀、人文深厚的幼儿园,也是当地师资力量强大、保教质量优良的代表。但我们也看到了它现实存在的难题——面积小!小到全园只有6个班,班与班之间转身即到;小到园内没有过多的墙体阻隔,在活动室的这端能望到那端的功能室;小到转角、天井、平台、楼顶……都要规划成为

---

① 文本提供:浙江省湖州市德清县新市镇士林中心幼儿园张益丽。

幼儿可以活动的户外场地。

　　和上海安庆幼儿园一样,广州市幼儿师范学校附属幼儿园也深知种植区的意义,深知它能带给孩子们的各种可能性,所以幼儿园也是千方百计要开辟出一块种植园地。但是和安庆幼儿园所不同的是,她们把种植区直接安在了楼顶平台上,并把这块区域打造成了满眼绿色的小天地。

　　环境呈现:见图(5-34、5-35)[1]

图5-34　幼儿园种植园地(1)

图5-35　幼儿园种植园地(2)

---

[1]张益丽2018年12月16日摄于广东省广州市幼儿师范学校附属幼儿园。

环境创设分析：网上曾这么形容中国人——无论条件多么困难，只要有一把锄头、一把种子就能走遍天下都不怕！这话不夸张。传统农耕文化培养了我们国人吃苦耐劳、垦地开荒的精神，自然而然就成了种植能手。如今生活好了，更不应该忘却了这些好的习惯，所以幼儿园里的一块小小的种植园地，就是传统精神延续的地方。

当走到幼儿园顶楼，亲眼看到广州市幼儿师范学校附属幼儿园创设的种植园地时，心里说不出的感动与感慨。楼顶中间有个中型的不规则图形种植区(图5-34)，像车轮轮毂一般由小径划分成6块小地供6个班级使用。其中有两处种植的小菜冒着新绿，其余几块则刚刚翻整，准备种植其他节令农作物。若只看这一块种植园地，会显得很单薄，所以聪明的幼儿园老师们还将种植园地延展到了屋顶靠墙的四周，铺上泥土，将当地的水果苗、绿植穿插其中。从图5-35中我们能感受到楼顶的生机勃勃，尤其是那个爬着葡萄藤的半圆形铁环建筑，从低处的视角一眼望去，深邃而悠长。

虽然看不到孩子们在现场的种植活动，也无法分享相关的案例，却能想象孩子们在这些绿色中嬉戏、在阳光下种植的场景。这个高楼林立的城市里，有这么一块小小的天地，肯定是孩子们最喜爱的地方！

 七　幼儿园户外环境创设案例与分析之综合运动拓展区

(一)案例与分析一[①]

地点：广东省深圳市龙岗区机关幼儿园

时间：2018年11月12日

背景介绍：在户外活动内容的开发与相应户外环境的创设上，大致可以分为两个方向的考虑。一个是朝着角色类、动手类、体能消耗不大的方向考虑，另一个就是朝着大动作发展的方向考虑。只有同时兼顾两类，幼儿园的户外游戏类型才会丰富多样，才能满足不同孩子的个性发展需要。

当然，要做到游戏类型丰富多元也不是一件简单的事情，尤其是如何保证大动作发展是一个不小的考验。深圳市龙岗区机关幼儿园的室内区域游戏开展得相当成熟，近年来户外游戏也开展得相当出色。其实最初的户外游戏创设中大部分的活动项目都是以小运动量的、角色类的为主，比如木工房、印染区、野炊区、建构区、骑行区、玩水玩沙区，等等。当幼儿园教师们意识到这样的设置给孩子体能锻炼的机会太少了时，发现幼儿园可以运用的场地已经少得可怜了。为了平衡两大类，她们重新理清思路，又依托园所得天独厚的资源，将空间从地面拓展到空中，大胆地创设了运动拓展区，让幼儿园的户外活动变得更具挑战性，更具多元性。

　　环境呈现：见图(5-36、5-37、5-38、5-39、5-40、5-41)[②]

①文本提供：浙江省湖州市德清县新市镇士林中心幼儿园张益丽。

②张益丽2018年11月12日摄于广东省深圳市龙岗区机关幼儿园。

图 5-36　幼儿园户外拓展区(1)

图 5-37　幼儿园户外拓展区(2)

图 5-38　幼儿园户外拓展区(3)

图5-39 幼儿园户外拓展区（4）

图5-40 幼儿园户外拓展区（5）

图5-41 幼儿园户外拓展区（6）

环境创设分析：我想，你肯定也被这样的运动拓展区深深吸引并啧啧称赞了吧！不得不佩服深圳市龙岗区机关幼儿园的大胆创设，让我们的传统认知受到了冲击——原来还可以拓展到空中并如此完美！我们可以从以上六张照片中看到，幼儿园有一个特别的优势，那就是高大茂盛的树木。这围绕幼儿园一圈的大树就是最宝贵的资源，它们不仅是幼儿园天然的绿色保护屏障，如今更是焕发出了新的教育功能。

这条长长的运动拓展区，以幼儿园正门内的一棵大树为源头（图5-36），依树建立了木屋。孩子们只要换上齐全的保护装备，就能在老师的陪同下拾级而上，准备开始挑战之旅。树与树之间的距离被恰到好处地设置了不同难度的障碍，从起点到终点，可谓是要"过五关斩六将"。首先孩子们要通过四种不同形式的晃动桥（图5-37），接着是钻过木筒（图5-38），然后是通过有难度的三组不同的障碍（图5-39，格子状、蛛网式、攀岩式），最难的是要通过只有一根绳子当踩点、垂挂式绳结当抓手的障碍（图5-40、5-41），最后方能从终点的树上自行爬下。这一系列的内容挑战下来，对孩子的体能、心理都是极大的考验。当然，这一路的挑战都是有相应的老师在上面、下面给予陪同、鼓励和有必要的帮助。所以,无论是硬件准备还是软件配备,幼儿园都已经做到尽善尽美了。

事例

　　我们在实地参观龙岗区机关幼儿园的时候,对这个建在离地面1米至1.5米的空中拓展区挑战项目相当感兴趣,故而对其中一位小朋友H进行了跟踪观察。只见他全程话语很少,但总是很勇敢地去挑战。在即将要通过攀岩式障碍前,他停顿了下来,低头检查了一下腰间的保险环扣有没有扣在保护绳上,然后做了好几口的深呼吸,看得出来他有些紧张。上面的老师也看出了他的不安,问他要不要放弃,他摇摇头。下面的老师告诉他,如果要挑战就大胆试一试,因为老师会在下面保护着你。有了老师的鼓励,他小心翼翼地伸出左手左脚抓住和踩在了合适的支点上,右手右脚也逐步跟上,就这样,他缓慢而小心地移动着,后面的孩子也耐心地等着他通过后再出发。顺利通过后,小脸蛋上全是汗水,但看得出他很开心。接下来的一关很难,但似乎他已经有了心理准备。他还是先检查了自己的保险环扣,然后双手各自抓住绳结,侧身移步行进。当走到中间时,脚下的绳子有些晃动,他很紧张,停顿了下来。下面老师协助固定摆动的绳子,并请他冷静、放松,还帮他把绳结拉稳,方便他移动。有了老师的帮助,他稍作调整后又向终点行进。当他从树上爬下,脱掉保护装备时,我们看到他的衣服已经湿透了。老师告诉我们,H平时不爱说话,胆子也不算大,但是他喜欢玩这个项目,现在胆子变得大起来了呢。听罢,我们朝他竖起了大拇指为他点赞。

　　从这个事例中,我们发现孩子们在活动中养成了非常好的安全意识和规则意识,也在活动中体现了不怕困难、坚持到底、耐心等待的品质,同时也看到了孩子在力量、平衡、耐力等方面的发展。所以,龙岗区机关幼儿园的运动拓展区真的非常有特色,非常有价值!

(二)案例与分析二[①]

地点:浙江省杭州市清波幼儿园

时间:2019年3月21日

背景介绍:前面分享的深圳市龙岗区机关幼儿园的户外空中运动拓展区,得益于独一无二的自然资源、设备齐全的内容设置以及充足的人员配备,这是一套相当成熟的运作链,一般的幼儿园很难复制这样的户外环境。所以,因园创设合适的户外活动场所是明智的选择。

　　创建于1929年、前身是孤儿院的杭州市清波幼儿园,一直秉承"爱的教育",也努力去创设一个充满爱意的、朴素自然的、适宜的环境。跟龙岗区机关幼儿园不同,清波幼儿园

---

① 文本提供:浙江省湖州市德清县新市镇士林中心幼儿园张益丽。

规模很小,户外场地也不大,所以统筹规划与合理安排是小型幼儿园必须仔细研究的。有句话是这么说的——"麻雀虽小,五脏俱全",在这所幼儿园得到了贴切展示。户外场地有限的幼儿园,却开发得比想象中的要大得多。尤其是为了拓宽户外运动场,她们大刀阔斧地舍去了低矮的灌木,将幼儿园右侧的场地改造成了朴实却不简单的户外运动场,为培养具有一定"野性"的城里孩子做着努力。

　　环境呈现:见图(5-42、5-43、5-44)[①]

图5-42　幼儿园户外综合运动区(1)

图5-43　幼儿园户外综合运动区(2)

①张益丽2019年3月21日摄于浙江省杭州市清波幼儿园。

图5-44　幼儿园户外综合运动区（3）

　　环境创设分析：清波幼儿园追求朴素自然的户外环境创设，所以在户外运动区的改造上都是选用接近原生态的或是废旧的材料，比如裸色木头做牢固的框架，原色轮胎制作攀爬墙与荡桥，青砖石头砌成石墙，树枝插出简易帐篷，等等，而这些材料的运用竟与大自然特别的和谐。除此之外，清波幼儿园内也有不少的大树直立在围墙边，所以也借助这些树资源来创设。比如树与树之间用麻绳连起来让幼儿练习平衡能力，从树上挂下绳梯练习攀爬。很特别的是中间那条小路，由沙子、木板、石子等不同类型的材料组成，很是吸引人。就整体而言，这块综合运动区很能激发儿童试一试、玩一玩的兴趣。

事　例

　　综合运动区开放后，立刻引起了孩子们的积极探索。他们有的在轮胎中钻来钻去，有的在爬绳梯，但爬到一半就不敢再往上了，有的在颤颤悠悠走荡桥……在这群玩玩这个又玩玩那个、兴奋极了的孩子中间，穿黑衣服和红衣服的两个男孩子引起了老师的注意。在过去的几分钟里，他们两个始终在玩着吊环，正在PK看谁在吊环上坚持得更久一些。刚开始两个人不到十秒左右就松了手，慢慢地就能坚持十秒、十几秒。他们的PK赛也引起了其他小朋友的兴趣，纷纷要求做评委帮着他们数数看谁坚持得久。他俩欣然接受，两个人坚持了十三个数字后脸开始红起来，但谁也不认输，继续坚持。最后在二十一声数数之后纷纷松了手，但仍旧赢得了大家的掌声。

　　《3—6岁儿童学习与发展指南》中对儿童的耐力和力量有一定的要求，"能双手抓杠悬空吊起15～20秒左右"，所以运动区环境的创设也应与《3—6岁儿童学习与发展指南》相连接，才能更科学地促进儿童各方面的发展。如上事例所述，孩子有了吊环这一媒介，就自然会去尝试着玩,而在玩的过程中孩子的变化就悄然发生了。

(三)案例与分析三[①]

地点:浙江省湖州市德清县新市镇第一幼儿园

时间:2019年3月15日

背景介绍:2018年7月12日,德清县新市镇第一幼儿园正式被浙江省教育厅授予首批"安吉游戏"实践园称号,从此"安吉游戏"就在这里落地生根。"安吉游戏"是一场以"让游戏点亮孩子的生命"为理念的游戏革命,把游戏的自主权还给幼儿,让幼儿在自主、自由的真游戏中,获得经验、形成想法、表达见解、完善规则、不断挑战,从而达到自身最大潜能的开发与发展。其实对于刚接触安吉游戏的他们来说有一定难度,因为对场地的要求、对材料的要求,以及活动中孩子安全、老师观察引导等方面都与传统的游戏开展有很大的不同。幼儿园在上下求索中根据安吉游戏的理念对户外活动的场地以及活动材料进行重新规划、整理与添置。我们下面看到的运动拓展区就是经过改造后的新的呈现。

环境呈现:见图(5-45、5-46、5-47、5-48、5-49)[②]

图5-45 幼儿园户外综合运动区(1)

环境创设分析:从环境图来看,我们似乎看不到大型的材料,更多的材料是低结构的,而且材料种类十分丰富。在场地上,这些材料被分门别类地摆放着。沿着"U"字形的教学楼,所有材料都是靠边摆放,有些防水材料如轮胎、塑料滚筒等是直接裸露的;还有一些是不防水的材料,如体操垫子、木材等则是放在筐子里用防水布遮盖着。这是无游戏的状态

---

①文本提供:浙江省湖州市德清县新市镇士林中心幼儿园刘雪琴。

②沈依韵2019年3月15日摄于浙江省湖州市德清县新市镇第一幼儿园。

下材料的摆放,材料整整齐齐,场地空空荡荡。这样的场景,其实是对场地的一个留白。当孩子们出来活动时,场地上就开始热闹起来,孩子们可以更自主地选择自己想要去的地方,以及在场地上自己想要开展的游戏活动。

在这里,其实不仅只有场地是留白的,各种材料并没有固定的玩法,所有的材料都可以任意组合,孩子们想怎么玩就能怎么玩,只要他们能想得出,所以对于材料的玩法也是一种留白。在活动中,老师的介入和指导是比较少的,因为他们更注重孩子自主创造的能力。在这所幼儿园的运动拓展区里,我们看到更多的是孩子们的自主性以及游戏过程中的自由、创造。

图5-46　幼儿园户外综合运动区(2)

图5-47　幼儿园户外综合运动区(3)

图5-48　幼儿园户外综合运动区(4)

图5-49　幼儿园户外综合运动区(5)

事 例

　　音乐声响起,整个幼儿园的孩子都从教室里出来啦,此时空荡荡的场地顿时就变得热闹非凡。琪琪和晴晴喜欢在滚筒上走,这是她们最喜欢的活动了,经过多次游戏下来,琪琪已经有了自己的经验,在晴晴的帮助下琪琪顺利站上滚筒,琪琪说:"我站稳了,晴晴,你放手吧!"晴晴把手放开,琪琪慢慢地在滚筒上移动,稳稳地转了起来。滚筒上行走是个难度较大的活动,需要孩子有足够的勇气以及较强的平衡能力,但是在这所幼儿园里,孩子们在滚筒上行走似乎不是什么难事,很多孩子三三两两组队进行这个项目。

场地另一边,有孩子正在用木材搭建桥,一阶一阶往上又往下,中间是较长一段的桥面,下面是腾空的。桥面是一块较窄的木板,孩子们自己搭桥自己走,还不忘在两边用一些体操垫做安全防护,可见游戏中不仅展现了孩子们合作构建的能力,也是过桥的平衡力以及站在高处的胆量的挑战,同时游戏中孩子们对自己的安全考虑也是很全面的。继续往前观察,可以发现原来桥不仅可以用木块堆砌成台阶,还可以用两架木梯上面架一块长木板做成桥,不过此时上桥就没有这么容易了,他们需要爬梯上桥。在架桥的形式上,孩子们用自己的智慧架构出不同的桥,在能力上也得到了不同程度的锻炼。

体操垫除了用于做安全防护,还有什么作用呢?这里的孩子用他们的游戏向我们展示了他们的智慧。将体操垫铺一铺、围一围,一个大型的游戏场就完工了。进到里面需要把鞋子脱下来,进门口是一个拱门,这是售票处。在垫子游乐场里还有很多材料搭建,可以躺一躺、爬一爬、钻一钻。孩子的世界里,每一种材料绝对不止一种玩法。

在这快乐的游戏场里,孩子们脑洞大开,同样的材料有不同的玩法,不同的玩法体现不同的游戏程度。今天可以玩这个,明天可以换另一个;或者今天还没玩够,明天就接着玩。在这里,没有过多的游戏干预,教师们做的就是大胆放手,管住嘴,把游戏的权利还给孩子。

八 幼儿园户外环境创设案例与分析之涂鸦区[①]

地点:浙江省湖州市德清县新市镇第一幼儿园

时间:2019年3月18日

背景介绍:涂鸦是一种表达的方式,只要仔细去观察,就会发现在孩子的涂鸦作品中有着丰富的情感。自主绘画涂鸦自然是一种开发孩子创造潜能极好的形式。它有利于孩子智力、审美的发展,而孩子对艺术兴趣的提高,更利于发展孩子的观察力、想象力、创造力。《幼儿园教育指导纲要(试行)》中明确指出:"应鼓励儿童自由选择各自偏爱或擅长的方式以及运用多种方式的组合进行美术的表现与表达。"我们试着回想小时候的经历,是不是曾经也在地上、墙上涂鸦过,还为此被家长狠狠数落过?我们试着看看自己家里的娃,是不是也会在矮柜上、沙发上乱涂乱画,怎么教育也于事无补?这就是孩子对涂鸦的热爱与天性!

---

①文本提供:浙江省湖州市德清县新市镇第一幼儿园李双双。

幼儿园也是如此,常常会看到某处墙上留有某个小家伙的水彩笔、水粉颜料的痕迹。后来老师们觉得与其去堵还不如去疏——为孩子们提供一块场地,让孩子们自由创作,享受涂鸦的快感。于是新市镇第一幼儿园的老师们对一处平时很少过问、但空间场地很大的角落进行改造,力求给孩子们创设一个自由表达、无拘无束的涂鸦天地。

环境呈现:见图(5-50、5-51、5-52、5-53)①

图5-50 幼儿园户外涂鸦区(1) 　　　图5-51 幼儿园户外涂鸦区(2)

图5-52 幼儿园户外涂鸦区(3) 　　图5-53 幼儿园户外涂鸦区(4)

环境创设分析:可能你会觉得图5-50的环境一点都不美观,但我必须要说明的是:随着教育理念的更新,环境创设以美观为主的观念也开始有所转变。其实我们发现在国外,环境创设都趋向自然与开放;近几年安吉游戏的改革也向我们展示了留白式环境对孩子发展的作用。

所以,我们用现代的眼光再来看这块涂鸦区的创设,就会发现幼儿园的用心之处:将整片墙面砌上磨去光滑的釉质层的白色瓷砖,并在瓷砖墙上安装了流水喷头,既能方便用水粉作画,也便于后期清洗干净、反复利用;保留了水泥地板,孩子可以用粉笔水彩等作画,等不需要时可以用水冲洗掉;围墙边上装上了一排用轮胎脸盆组合自制的清洗区,孩

---

① 李双双2019年3月18日摄于浙江省湖州市德清县新市镇第一幼儿园。

子可以随时取水调色,也可以自己洗笔整理。在另一处,投入了PVC管制作的机器人、废弃面包车、木桩、缸、盒子、多色水粉颜料、各种画笔、刷子等材料供幼儿按需取用。

事例

　　孩子们兴致勃勃地来到了涂鸦区,他们一个个走来都想试一试,俨然是一群小魔术师。凡凡和佳佳两人一进区就冲向了材料区域,选了几支画笔和颜料找了一个空的地面就开始商量起来要画什么。凡凡说:"我想要画一个弯弯曲曲的迷宫。"佳佳说:"我跟你一起画好吗?"凡凡说:"好吧,那你先看我画吧。"商量了一会后,凡凡拿着沾了蓝色颜料的画笔开始绘画,凡凡先绘制了一个入口,接着画了好多箭头,连接着又画了好多弯路,在最后面画上了出口。画好后凡凡又在迷宫的外面画了一个大奖杯和一个颁奖台。而另一边的孩子们在画彩虹的时候因为颜料调稀了,颜料顺着墙面流了下来。"嘉钰你的颜料怎么都流下来了?"萱萱激动地喊起来。"是呀,怎么淋了那么多,我都没发现呢!"萱萱接着说:"那你让它淋下来呀,这样也很好看啊!"嘉钰开心地又往颜料里加了一些水,这一下淋下来的更多了,一副充满创意的"淋面画"新鲜出炉啦……

　　就这样孩子们手里拿着画笔,想象着、绘制着……一幅幅色彩斑斓的涂鸦作品是他们灵感的闪现。这种快乐是我们成人所无法体验的。"你觉得我画得怎么样?""你还需要添画什么吗?"孩子们体验一起绘画、一起合作的乐趣。在这种不受限制的绘画形式中,孩子们可以尽情地表达,它可以是一些无序的线条与点的组合,可以是天马行空的想象,可以是自然景物的描绘,可以是刚学到的新本领的再现……

九　幼儿园户外环境创设案例与分析之角色扮演游戏区[①]

地点: 浙江省湖州市德清县禹越镇高桥中心幼儿园

时间: 2018年10月15日

背景介绍: 幼儿园户外游戏区域除了运动健康、科学建构等,还时常涵盖一些社会性的内容,诸如"娃娃大舞台""爱心医院""理发屋"等,这些社会性区域环境趣味生动,角色鲜明,材料来源于生活,孩子可以在其中自由选择角色,自主设计游戏内容,带给孩子极大的愉悦性,也在一定程度上成就了孩子社会交往、交流分享等方面的能力。

　　本学期,为丰富幼儿园户外社会性大区域,进一步促成孩子社会性能力的深入发展,高桥中心幼儿园让具有一定游戏"发言权"的中大班孩子进行投票,创设一个新增社会性游戏区域,根据最后统计汇总,我们确定创设以"农家小院"为主要内容的自主游戏区域。

---

①文本提供:浙江省湖州市德清县禹越镇高桥中心幼儿园张琴惠。

主题确定后,组织师幼一起继续讨论用农村的哪些材料来把"农家小院"创设出来。经过群策群力,环境创设方案终于成型了。

环境呈现:见图(5-54、5-55、5-56)①

图5-54 幼儿园户外角色游戏区(1)

图5-55 幼儿园户外角色游戏区(2)

———————

①张琴惠2018年10月15日摄于浙江省湖州市德清县禹越镇高桥中心幼儿园。

图5-56 幼儿园户外角色游戏区(3)

环境创设分析:根据幼儿园场地特征,我园北教学楼与围墙之间有一段狭长的区域,将其利用创设成"美食一条街"户外大区域内容,其中涵盖了"小菜一碟""烧烤一串""点心一盘"三大块内容,这样的设置基于三个方面的考虑:其一,满足更多孩子同时进入其中开展游戏,扩大了他们对于自己喜爱角色的选择(如服务员、厨师、顾客等);其二,拓宽了孩子游戏的空间,可满足同时容纳一个班级或者混龄孩子同时游戏的需要;其三,增加了游戏内容,使游戏的面更广、更全,且让孩子主动参与游戏材料的搜集和制作。

事例

　　今天,大班的孩子来到了户外"美食一条街",由于先前大家都参与了自主投票,知道这个区域里有不同的游戏区间与游戏内容,因此对这个区域的期待早就"不可言喻"了,纷纷"跃跃欲试"。来到游戏场地,孩子们纷纷以"跑男""跑女"的速度奔向自己喜欢的区间,各自分流选择游戏内容。有的孩子选择了"小菜一碟"中的厨师,拿起锅铲开始炒菜;有的孩子选择了"点心一盘"中的服务员,身着服饰热情地招呼顾客;有的孩子围坐在"餐桌"旁,一边喝着"下午茶"一边开心地交谈着……整个游戏大家没有因为选择困难而"乱"了脚步。

　　有意思的是,孩子们在游戏中和日常中的真实生活一样,或结伴而行"闲逛"美食一条街,或站在"烧烤"摊边挑选自己喜欢的食物,还有的服务员和厨师想出了"换岗"体验的游戏,一条街中的游戏场面显得温馨而和谐、热闹也愉悦。

十 幼儿园户外环境创设案例与分析之野战游戏区①

地点：浙江省湖州市德清县新安镇中心幼儿园

时间：2019年1月11日

背景介绍：游戏是幼儿园的基本活动，是孩子们的天性，他们爱玩游戏，在游戏中迸发激情，得到发展。大自然是一个开阔的天地，也是一本活教材，户外游戏中，孩子们就像一群放飞的小鸟，自由而快乐，他们在游戏中亲身体验、快乐运动，逐步增强体质，同伴间的合作与交往增加了社会性行为的发生，使孩子们的身心得到健康的发展。当新安镇幼儿园新园迎来孩子们后，孩子们喜欢上了这个环境优美的"新家"。但是随着自主游戏的不断推进，老师的创设已经满足不了孩子们。一次，几个男孩子用树枝追打着几个轮胎，老师后来跟进询问才了解到孩子们在玩"警察叔叔打仗游戏"。在与孩子们后续交谈中发现不仅在一个班，好多班级里的男孩子女孩子都对勇敢的警察叔叔有兴趣，也想跟他们一样翻过高山、跨过大河、冲锋陷阵。面对孩子们充满向往的眼神，幼儿园当即就展开了相应活动，跟孩子们了解警察叔叔生活、学本领的样子，跟孩子们商讨"在什么地方、用什么材料、布置成什么样子、怎么玩"等话题。在师幼共同努力下，幼儿园的野战训练营终于落成开张了！

环境呈现：见图（5-57、5-58、5-59、5-60、5-61）②

图5-57　幼儿园户外游戏区（1）

①文本提供：浙江省湖州市德清县新安镇中心幼儿园沈丽琴。

②沈丽琴2019年1月11日摄于浙江省湖州市德清县新安镇中心幼儿园。

图 5-58 幼儿园户外游戏区(2)

图 5-59 幼儿园户外游戏区(3)

图 5-60 幼儿园户外游戏区(4)

图 5-61 幼儿园户外游戏区(5)

　　环境创设分析:这是一所乡镇中心幼儿园,新园舍布局合理,户外有沙水区、小山坡、旱溪、小树林和大面积的草坪,为了给孩子们的户外活动营造丰富的游戏情境,她们把园内的小树林和旱溪区确定为野战游戏主题区,并通过和家长、孩子们共同收集材料创设环境。我们可以看到,她们借助大树的资源,在大树周围用迷彩网兜布、稻草营造出了帐篷、医院、指挥营、通信营;我们还看到她们利用生活中的常见物品,如轮胎、油桶、沙袋等来营造战壕、遮挡物;还提供了相应的服装、玩具枪等来让游戏更有真实性。

　　真人CS秀开始了!随着一声号响,"绿军"和"蓝军"又展开了激烈的战斗。绿军成员商量推荐周子昊当绿军指挥官,郑俊熙当警卫员,韩子康当侦察兵,李清悦、姜子默、吴李焱为救护人员,其他小朋友们都是小战士。队长周子昊在指挥室里摆弄着沙盘,预想着敌军可能进攻的路线。突然警卫员郑俊熙冲进指挥室报告队长:"队长,他们用炸弹打我们,我们要怎么办?"队长周子昊沉思了一会儿:"那我们就用枪打。"郑俊熙马上冲到外面把队长的命令通知给所有的战士们："兄弟们，队长说让我们用枪打。"可是战士们并没有听从队长的命令，依然沉浸在紧张的战斗中。"队长，我们的炸弹不够了，怎么办？""炸弹不够了！"察觉到事态的严重性，队长起身往军火库方向跑去，侦察兵韩子康和警卫员郑俊熙马上跟了上去，他们正嘀嘀咕咕商量着该怎么办时，另一个战士李子安突然冲过来拿走了一个炸弹，队长激动地大喊："你浪费……你浪费炸弹！"但是李子安并没有听从队长的命令，而是拿着炸弹又冲上了前线。队长紧跟上去对着前方的战士们大喊："赶紧撤退，你们快回来，不要往前冲，会被打死的！"可是所有战士像没听到似的义无反顾地向前冲去。

孩子们的游戏摆脱不了真实印象的模拟，但也在自主游戏的过程中超越真实让游戏变得童真童趣。野战营不是培养小小兵，而是在游戏的过程中让孩子逐渐明白团队合作的重要性，明白勇敢、责任、关爱的意义。

幼儿园户外环境创设案例与分析之音乐游戏表演区[①]

地点：浙江省杭州市东辰第二幼儿园

时间：2019年3月19日

背景介绍：随着"自主游戏"观念的落地生根，越来越多的幼儿园、老师和家长们开始重视起孩子的真游戏、真发展。户外自主游戏的兴起，也恰恰是儿童课程改革以及教师理念转化为行动的最佳印证。而户外环境的创设也应抛开成人的"自作多情"，跟随儿童的兴趣找内容、因地制宜地开发。

杭州市东辰第二幼儿园在户外游戏的打造中就有一块与众不同的地方——音乐表演区（哈哈部落）。在向孩子征集他们心目中的游戏内容时，许多孩子都反馈了想要一个可以唱歌跳舞、无拘无束表演的场地。于是幼儿园就开始仔细研究分析园所地形，去掉了一些灌木丛，沿着围墙做起了文章。而后，她们又思考着该在音乐表演区提供一些什么材料才能满足孩子的"折腾"，起到低成本高回报的效果，因此又发动幼儿和家长在生活中收集能发出声的器具投入其中。经过一番改造，全新的户外游戏区闪亮登场了。

环境呈现：见图（5-62、5-63、5-64、5-65）[②]

环境创设分析：闪亮登场的户外音乐表演游戏区有什么特别值得我们学习的地方呢？首先是"因势而建"的方法。杭州市东辰第二幼儿园的操场比较大，但已经创设了建构游戏区、沙水游戏区、大型玩具区等，如果还要在操场上腾出一块地来实现孩子们需要的音乐表演游戏区，显然是不可取的，所以她们利用了幼儿园围墙附近的场地，将灌木丛去掉

[①]文本提供：浙江省湖州市德清县新市镇士林中心幼儿园张益丽。
[②]张益丽2019年3月19日摄于浙江省杭州市东辰第二幼儿园。

后开辟了一个不是很宽的小径,将围墙栏杆全部换成木头墙壁,让幼儿可以在这里安心游戏。

其次是"源于生活"的材料。在照片中我们可以看到,游戏区里的"乐器"大都不是真正意义上的乐器,而是取材生活中的物品来代替,比如饼干铁盒、PVC水管、锅碗瓢勺等。这些物品因其质地、色彩的不同,发出不同的声音,统一挂在墙上也呈现了不一样的美感。

最后是"安全宽松"的氛围。由于是开辟出来的边角场所,故而对保留的树木枝丫的高度、地面的铺就材料、休息落座的地方、表演道具储藏室等都进行了安全的考虑。

图5-62　幼儿园户外音乐表演区(1)

图5-63　幼儿园户外音乐表演区(2)

图 5-64　幼儿园户外音乐表演区(3)　　　图 5-65　幼儿园户外音乐表演区(4)

事例

　　3月中旬,天气还是有些冷,但这并不能阻止孩子们户外游戏的热情。吃完点心,轩轩就走到老师身边说:"今天我要去哈哈部落当演奏家去了!"老师赞许道:"好好表现,等会来欣赏你的表演!"轩轩跟着同伴们来到啤酒桶造型的哈哈部落经营店,这里有很多打击乐器、头饰、服装和其他道具。轩轩挑了两根塑料棒和大象头饰之后,直奔演奏区。接着,欣欣搬来两个高脚凳,一屁股坐在了饼干盒"小鼓"前,迫不及待地演奏起来。由于演奏的力气有些大,也毫无章法,引起了轩轩的不满。轩轩告诉她:"你要轻轻地敲打才不会发出噪音。还有,你要打出好听的节奏来!"说完,他开始用"一下慢、两下快"的方式打起了饼干盒。很快,欣欣跟着他也用"一下慢、两下快"的方式打起了饼干盒。在后来的近10分钟,轩轩和欣欣尝试了不同的快慢节奏的演习,而他俩的合作不仅吸引了穿表演服的小姑娘来伴舞,还吸引了其他班级的老师来聆听!

　　正因为这个好玩又自主的哈哈部落,孩子们实现了当"演奏家""舞蹈家""表演家"的梦想,虽然在成人世界他们的音乐并不好听、舞蹈并不好看、表演也很无聊,但是他们在探索、在表达、在体验、在互助——自信满满、乐在其中,这就够了!

十二　幼儿园户外环境创设案例与分析之休闲区[①]

地点:浙江省湖州市德清县新市镇士林中心幼儿园

时间:2019年3月7日

背景介绍:幼儿园的外环境中总是会有一些绿色的植物,既能美化幼儿园的环境,也是幼儿观察、探索的资源。在这些绿色植物里,有灌木丛、草地、大树、盆栽,等等,品种繁

―――――――――
①文本提供:浙江省湖州市德清县新市镇士林中心幼儿园刘雪琴。

多。在幼儿园的户外环境创设中,很多时候我们会忽略这些植物,但它们若只是单纯作为观察与欣赏的功能来呈现,不免让人觉得可惜。事实上,如果我们花一点巧思在这些植物上,就会发现不一样的风景。

拿大树来说,我曾在三所幼儿园看到他们的不同做法:浙江省湖州市德清县新安镇中心幼儿园利用彩色迷彩布在大树底部围出方形的空间,可以让孩子打野战;浙江省湖州市德清县新市镇第一幼儿园利用树干架起了攀爬梯,可以练习孩子们的攀爬能力;中华女子学院附属实验幼儿园(北京)就利用树干的中部搭建起了树屋,可以让孩子们在树屋里说说自己的小秘密。这些幼儿园对大树的利用都是各具特色的。今天,我要介绍的是浙江省湖州市德清县新市镇士林中心幼儿园的大树和大树下的风景,呈现的是一个舒适、自然、惬意的休闲区。幼儿园里的孩子们总是特别喜欢来到休闲区,演绎属于他们的童年游戏故事。

环境呈现:见图(5-66、5-67、5-68、5-69、5-70、5-71)[1]

图5-66　幼儿园户外休闲区(1)

图5-67　幼儿园户外休闲区(2)

①刘雪琴2019年3月6日摄于浙江省湖州市德清县新市镇士林中心幼儿园。

图 5-68　幼儿园户外休闲区(3)　　　　图 5-69　幼儿园户外休闲区(4)

图 5-70　幼儿园户外休闲区(5)　　　　图 5-71　幼儿园户外休闲区(6)

环境创设分析：休闲区的位置在幼儿园的东南方向,靠着围墙,围墙外边是一条蜿蜒的小河。整个休闲区最有特色的就是四棵高大的广玉兰树,常年茂密而又翠绿的树叶笼罩在整个休闲区的上空。若是夏天,这里是幼儿们最喜欢的场所。休闲区的地面铺满了草皮,这为幼儿的活动安全性做了有力的保障。整个休闲区可以从北到南分为四个小区域,这四个小区域各有各的玩法和乐趣,内容并不相同,但是又可以融为一体,互相流动,促成休闲区的"休闲"二字。

从南边说起,利用大树的树干和石柱,将一张麻布做成的彩色的吊床悬挂在空中,幼儿可以自己爬进小吊床,摇摇晃晃像荡秋千一般,也可以美美地睡上一觉,透过树叶照射下来的阳光打在脸上,别提有多么惬意。

在吊床的北边,也是大树与大树之间,摆了画架和画笔,在这里幼儿们可以尽情地画出自己想画的内容,可以是风景,也可以是同伴,或者是发生在休闲区的故事。

休闲区的中间还摆放着一些运动器材,有大陀螺、塑料小马、跷跷板、滚筒等。利用这些材料,还可以和同伴一起快乐游戏。

休闲区的最北边靠着围墙,孩子们将钻桶和大陀螺搭成大大的灶台,还有一张大桌子。他们可以玩过家家的游戏,也可以在桌上摆上棋谱下下棋。幼儿在这里可以自己选择要参与的活动,中间也是可以交换去处的,因为合起来才是完整的休闲区。

户外大区域的活动开始啦！一部分的孩子选择来到休闲区。"我要去吊床上荡秋千！""我要去坐跷跷板！""我要去画画！"……孩子们都有自己的选择。

吊床上有一个孩子上去了，另一个孩子双手托着他的身体使劲地推他，推到一定高度又迅速松手撤退，吊床里的人左右摇晃起来，两个人笑得不亦乐乎，大声喊道："太好玩了！""现在该轮到我睡吊床了，换你来推我。"两个人交换玩了起来。第三个孩子走过来，想要加入他们的活动，于是他也上去了，但是他说："你们别推我，我害怕，我只是想静静地躺一会。"最北面的孩子们正徒手摇晃"大锅"，在锅里翻炒，可是锅里没有东西，于是开始商量去捡一点树叶当蔬菜，此时发现在一个电饭锅里积满了雨水，地面树叶下还有一条小蚯蚓，他们兴奋极了，有的大声叫唤同伴来观察蚯蚓，有的则在雨水锅里"洗菜""煮菜汤"。洗完菜后就放到炒锅里炒起菜来，他们把菜装进盆里，端到桌上。因为没有客人，于是就开始去休闲区的其他小区域里邀请客人。有人骑着小马来做客，有的带了自己的画来做客，很快他们邀请到了很多客人。

小小的休闲区里每天上演着不同的故事，故事的主角也是不断在变换的，但是不变的是休闲区里的欢声笑语和创设休闲区的初衷：希望在这里的孩子能有自己的自由天地，并且能做到和同伴友好相处、互帮互助，健康、快乐地成长！

附 录

背景介绍: 墙面环境创设是幼儿园室内环境创设的重要部分,幼儿园除活动室之外,还有很多地方需要进行环境创设,以保证幼儿能够在经过精心设计的教育性影响下得到健康和谐的发展,其中墙面环境创设是其中重要的部分。

环境呈现: 见图(附–1、附–2、附–3、附–4、附–5、附–6、附–7、附–8、附–9、附–10、附–11、附–12、附–13)②

图附–1 "温馨家园"墙面环境创设

环境创设分析: 动物主题是幼儿十分喜欢且感兴趣的内容,色彩温馨,"温馨家园"墙面环境创设十分关注动物形象的趣味性,并且充分关注幼儿与环境的互动,留有空白或活动性场地发挥幼儿的自主性。如小屋的门窗均可以开启,幼儿可以模拟小动物捉迷藏等游戏,户外小白兔还可以进行涂色活动,草地上可以另外画一些自己喜欢的小动物,也可以把小白兔、小燕子、小鹿和小花取下来(原来是粘贴的),再画上自己喜欢的东西,上面还可以摆放自己的手工作品。

---

① 学生通过教师的指导,遵循科学环境创设理念,创设师幼互动墙面环境,既把相关知识技能通过环境进行展示,同时增强墙面环境与幼儿的互动,把课程内容融入环境,设计隐性课程。本次环境创设为遵义师范学院2012级学前教育本科班学前教育课程实施环境创设的实训成果,指导教师赵海燕。
② 赵海燕2014年10月摄于遵义师范学院。

图附-2 "动物世界"墙面环境创设

环境创设分析:"动物世界"墙面环境创设既考虑了动物形象的趣味性,色彩斑斓,同时也布置了一个开阔的野外场地。小动物、树木、小草、石头和小花等都是可以随意移动的,给幼儿留下了余地,可按照自己的喜好自由移动和增减相关事物,还可以随着自己的布置编织故事情节,很受幼儿喜爱。

图附-3 "创意手工坊"墙面环境创设

环境创设分析: "创意手工坊"墙面环境创设是幼儿手工作品展示区,这个环境创设把手工作品展示区布置得十分温馨,色彩丰富,还布置了小动物观众,有利于幼儿融入情境,同时小屋、小盆栽留下大量展示位置,圆形蛋壳里还可把作品收藏起来,成为幼儿装饰布置的道具,很有吸引力,更能够激发幼儿创作的兴趣和积极性。

图附-4 "和动物做朋友"墙面环境创设

环境创设分析: "和动物做朋友"墙面环境创设给幼儿展示了在一个自由天地间、色彩斑斓、形象可喜的场景,不同来源的动物形象为幼儿想象打开了多种通道,充分调动幼儿的想象力,粘贴的灵活性为幼儿再创设环境提供了便利,扇面树的形象也十分新颖有趣,小蜜蜂在花间飞舞给幼儿与环境的互动增添了情节和灵动。

图附-5 "我上幼儿园"墙面环境创设

环境创设分析: "我上幼儿园"墙面环境创设十分适合小班幼儿,各种动物形象可喜,他们在不同形状的小火车车厢里高高兴兴地去上幼儿园,给幼儿创设了十分具有童趣的情节,而且车厢是中空的,小动物可以调换车厢位置,还可以更换小动物角色,小火车在山野间奔跑,十分逼真,给幼儿提供了互动创设情节发展的环境,角色替代的尝试让幼儿乐此不疲,很适合小班幼儿玩耍。

图附-6 "海底世界"墙面环境创设

环境创设分析:"海底世界"墙面环境创设利用废旧材料为幼儿展示了海底世界的一角,通过一条大鱼不断吐气泡的形象纳入了海底世界一角,十分新颖,环境布置运用粘贴设计,可随意变化,海底动物可随着幼儿的心意变换位置或改变为其他动物,是幼儿十分喜爱的主题。

图附-7 "夏日电器"墙面环境创设

环境创设分析:"夏日电器"墙面环境创设展现了一个炎炎夏日的情境,感觉高温扑面而来,而且电子设施设备是科学领域的重要内容之一,很多幼儿园较少关注这类主题,环境创设中可弥补这一疏漏。

图附-8 "水果迷宫"墙面环境创设

环境创设分析:"水果迷宫"墙面环境创设融入音乐教育背景,给四季水果也设计了田野环境,清新自然,构思巧妙,大提琴和音符勾勒出神奇的迷宫,小水果们忙碌地寻找出口,这个环境创设给幼儿提供角色扮演机会,同时也可以进行智力游戏,十分可贵。

图附-9 "动物乐园"墙面环境创设

环境创设分析:"动物乐园"墙面环境创设主要是搭建了一个情景框架,展现了十分喜乐的野外山林间各种动物和谐相处的画面,各种动物也可随时更换,幼儿可以在基调一致的情况下进行环境布置。

图附-10 "海洋世界"墙面环境创设

环境创设分析:"海洋世界"墙面环境创设把海底世界与海面、海岸环境融为一体,给幼儿展示了广阔的海洋世界,同时各种海洋生物形象逼真、色彩鲜艳,海洋动物们在嬉闹玩耍,一派生机勃勃的气息,很能吸引幼儿的注意力。

图附-11 "有趣的转动"墙面环境创设

环境创设分析:"有趣的转动"墙面环境创设用不同的手法展示了各种不同的转动,并进行了简单的分类,还给幼儿提供了一些相关的材料便于幼儿动手操作,既有利于幼儿归纳经验,也有利于幼儿逻辑思维能力的发展。

图附-12 "奇妙的朋友"墙面环境创设

环境创设分析: "奇妙的朋友"墙面环境创设了一个野外山水情境,动物们和平相处,一派喜气洋洋。动物形象逼真有趣、丰富多彩,且各置一处,给幼儿想象情节提供了空间。

图附-13 "杂技舞台"墙面环境创设

环境创设分析: "杂技舞台"墙面环境创设了由两棵树构成的有趣的舞台环境,小鸟、七星瓢虫成为观众,特别是七星瓢虫为了观看表演跑到栅栏上去了,十分让人期待小猪和小长颈鹿的表演,给幼儿留下了十分广阔的发挥空间:试想栅栏上或是栅栏外还有哪些观众呢?小猪和小长颈鹿在表演什么节目?后面还有哪些动物要表演节目呢?……十分让人期待,幼儿可以通过操作舞台上的小动物来进行角色扮演游戏。

安吉游戏户外环境创设案例与分析

地点：浙江省湖州市安吉县机关幼儿园

时间：2017年11月

背景介绍："安吉游戏"是浙江省湖州市安吉县教育科科长程学琴女士在多年研究的基础上提出的游戏课程模式，提倡以"让游戏点亮孩子的生命"为理念，倡导"爱""冒险""投入""喜悦""反思"等关键性词语为主旨，倡导把游戏的自主权还给幼儿，让幼儿在自主、自由、自在的真游戏中，获得经验、形成想法、表达见解、完善规划、不断挑战，进入深度学习，从而达到自身最大潜能的开发与发展。目前安吉游戏已经成为享誉世界的幼儿游戏模式，得到来自世界各国幼儿教育界同行专家的赞誉。

环境呈现：见图（附-14、附-15、附-16、附-17、附-18、附-19、附-20、附-21、附-22）①

图附-14　汽车屋

环境创设分析：汽车屋是家长报废的汽车，车锁已卸下，车门不能封闭，有通风口，放置于幼儿园户外的角落里，车轮有部分陷入地下以固定汽车。汽车屋离建筑物有一定的距离，给幼儿提供了一个封闭的、自我的、私人的环境，满足幼儿喜欢秘密、躲藏的愿望，幼儿常常在汽车屋里进行娃娃家游戏或是其他的角色游戏，也常常粉刷汽车，进行美工活动，是幼儿十分喜爱的游戏场所，这样的汽车屋有好几个呢。

---

① 赵海燕2017年11月摄于浙江省湖州市安吉县机关幼儿园。

图附-15　小木屋和平衡架

环境创设分析:小木屋采取杆栏式建筑的形制,下层为立柱,上层为小屋,有梯可上。小屋为全木结构,十分环保,屋内各种形状的窗户位置较高,可保证幼儿安全。小屋是幼儿探秘的场所,十分受幼儿喜爱。树干与树桩架在一起形成一个自制攀爬玩具平衡架,树干大小不一、形状各异,攀爬或走在上面,对幼儿的要求各不相同,适合不同水平的幼儿玩耍。两个玩具均置于沙地中,可极大地避免幼儿跌落受伤。

图附-16　秋千与网屋

环境创设分析:秋千采用废旧塑料桶自制而成,桶面平坦宽大,有利于幼儿坐稳。秋千吊在树下,吊绳比较长,周围很空旷,给荡秋千留下足够空间,土堆地面不平,给幼儿上秋千造成一定难度,很有挑战性。网屋朦胧、半掩半透,网绳粗大,上面平坦,下置于土地上,高2米有余,斜面约45°角,周围全部用网严密围住,固定在粗大的树桩上,十分牢固、阔大,幼儿攀爬十分方便,上下面均可玩耍,安全环保。

图附-17　单杠

　　环境创设分析:十分粗大的树桩以一定距离不规则排列,牢固地安装上绳索或铁柱,幼儿可站在下面的绳索上,手抓上面的绳索,从一端向另一端移动,也可吊在铁柱上,身子悬空,从一端向另一端移动。下面是沙土,可以保证安全。幼儿的四肢,特别是手臂能得到很好的锻炼。

图附-18　滚筒与平衡木

　　环境创设分析:滚筒是把废旧的大型塑料桶清洗干净,幼儿可以推着玩,也可以进入桶内滚着玩,在平坦的草地上很安全,是幼儿游戏的好材料。沙坑里固定好几个轮胎,轮胎上固定几块木板,木板首尾连接,成为活动的平衡木,还有跷跷板功能,对幼儿很有挑战性,能很好地锻炼幼儿的平衡感和身体的敏捷性。

图附-19　圆柱式平衡木

环境创设分析：采用大树干作为平衡木的支架，上面固定小一些的树柱，或斜或平，置于草地上，幼儿可站可坐、可钻可爬、可跨可跳，有多种锻炼的方式。

图附-20　沙坑

环境创设分析：采用圆树柱围成大小不一的三个沙坑，一侧采用栅栏围着，避免风吹沙土，外围还有圆形小水池，方便玩耍后洗手。

图附-21　木桩

　　环境创设分析:低矮的树桩连成一片,地面也凹凸不平,呈自然形态,为幼儿提供了一片观赏游戏的场所,幼儿可选择爬树、绕绳索、追逐等游戏,在开阔的户外场所很合适。

图附-22　沙地小屋

　　环境创设分析:沙地小屋是为了避免有风时期幼儿不能玩沙而设置的一个场所,也可为幼儿独自玩沙提供帮助,满足幼儿捉迷藏的心理。

　　总之,低结构的游戏环境有利于幼儿游戏能力的高度发展,同时也有利于诱发幼儿进入深度学习。

活动室环境创设实训之带你畅游鱼的世界[①]

阳光投射在宁静的海底,奇妙的小鱼漫游在珊瑚丛中,奇异的海草在波浪下涌动,一切如此美不胜收。

Q1 墙面组

图附-23 "好多好多鱼"主题墙

深海中,危机四伏,你追我赶,好不热闹!"好多好多鱼"主题墙面展现的是鲨鱼和鱼群的追逐战,墙面上的鱼和城堡是立体的,色彩丰富,形象生动有趣,视觉上引起幼儿注意,符合幼儿的审美趣味。

图附-24 大鲨鱼

[①]本次环境创设为湖州师范学院2015级学前教育本科215班幼儿园大班活动室环境创设实训成果,指导教师赵海燕。

"鲨鱼来了!""小手轻拿,小鱼轻拉,带它回家!"墙面上小鱼是可以移动的,儿童可以用手将小鱼拉动起来,并带它到安全的地方。幼儿也可以将自己画的小鱼挂在墙面上,参与追逐游戏。

图附-25 渔网

用渔网编织的墙面用于展示幼儿的作品,美观且精致,意指网住了幼儿的成果。

图附-26 班级管理

美观的天气预报栏、出勤表、一周计划表、家园联系栏。

Q2 建构区

小小建构区,拥有着"海洋总动员"。有幼儿喜爱的美人鱼、东海龙王、海底城堡以及各种各样的鱼,有助于幼儿与环境产生良好的互动,积极建构,丰富主题。

图附−27 "海底总动员"建构区

材料投放遵循数量少而种类多的原则,基本建构材料如自制的积木、积塑、七巧板、拼图等,生活材料如石头、易拉罐、一次性纸杯、报纸等。

图附−28 建构区材料

投放KT板、已制作好的模型、雕刻好的小型鱼以及制作工具,幼儿根据自己的发展水平选择成品空间布置、模仿成品制作或自行构思与建构。

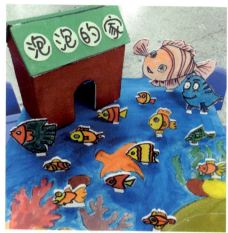

图附-29 "泡泡的家"

图附-30 插插鱼

图附-31 海底城堡(左)和钓鱼的鲨鱼(右)

Q3 表演区

表演区兼具"表演性"和"游戏性",将空间划分为舞台、候场区、服装道具制作区以及更衣室。幼儿可进行语言类表演、音乐类表演和想象装扮类游戏活动。

根据"鱼"这一主题,表演区提供与"鱼"有关的服装、道具等,有利于幼儿联想到有关鱼的童话故事和影视作品如《海的女儿》《海底总动员》,以及音乐作品如《三条鱼》等。

图附-32　舞台

图附-33　后台

图附-34　服装设计与化妆台

图附-35　道具

图附-36　表演区规则

　　幼儿可通过材料或半成品道具,依照图示或成品进行制作,培养幼儿的自学能力和动手能力。

　　还将为表现优异的孩子颁发最佳表演奖和演出相片集。

Q4 科学区

基于科学性与教育性相结合、趣味性与启发性相结合的原则,整个区角以闯关游戏为脉络,以"科学大闯关"为主题,共分六关,让幼儿在游戏与实验中了解鱼的相关知识。

图附-37 科学区

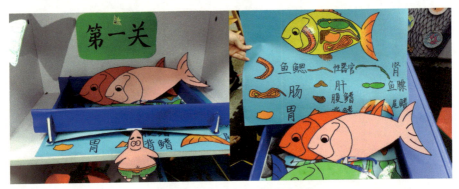

图附-38 第一关"小鱼的肚子"

通过贴图让幼儿了解鱼的内部结构。

图附-39　第二关"鱼鳔小实验"

通过气球沉浮实验让幼儿直观了解鱼鳔的作用。

图附-40　第三关"一起来钓鱼"

通过让幼儿钓不同的海洋生物,提高其对鱼的辨识度。

图附-41　第四关"神奇的鱼鳃"

用图示和过滤实验让幼儿了解鱼鳃的呼吸和过滤作用。

图附-42　第五关"小鱼冲冲冲"

　　通过对有无鱼鳍的鱼行进路线的对比,让幼儿直观了解鱼鳍对鱼游动的稳定性的影响。

图附-43　第六关"大鱼吃小鱼"

　　让幼儿在游戏中明白"大鱼吃小鱼,小鱼吃虾米",进而初步了解食物链的概念。

Q5　阅读区

图附-44　图书角

图附-45　"阅读区规则"与"好书推荐"

下面为大家推荐5本同学们自制的精美绘本!

1.《小丑鱼嘟嘟》①

图附-46　封面

（用牙刷和固体白色水粉制成）

图附-47　拼图

（使用魔力贴，每块拼图后编有序号便于幼儿操作）

图附-48　立体页

———————————

①张天宇、朱紫微共同创作，指导教师赵海燕。

2.《仔仔海底寻宝记》①

图附-49　渔网

（用绳、纸做成）

图附-50　立体页（1）

（拉动粉色小鱼，后面的黄色小鱼纷纷游上来）

图附-51　立体页（2）

（翻开书，潜水艇立起来）

①蔡玥、诸易婷共同创作，指导教师赵海燕。

3.《泡泡历险记》①

图附-52　柳树姑娘

（取出柳树姑娘的梳子可以表演游戏）

图附-53　立体页（1）

（取出商店的东西给受饿受冻的泡泡戴上）

图附-54　立体页（2）

（解开纽扣是另一幅画面）

①范正一、陈芳共同创作，指导教师赵海燕。

4.《金鱼小黑的故事》①

图附-55　孵化图

（翻动了解小金鱼的孵化过程）

图附-56　立体页（1）

（小金鱼可以自由摆动，体现到处游动的过程）

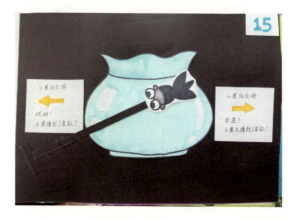

图附-57　立体页（2）

（小金鱼自由游动的同时，可以让幼儿认识左右的方位概念）

---

①赵佳颖、王晨瑜共同创作，指导教师赵海燕。

5.《贪吃的小鱼》[1]

图附-58　立体页（1）

（小鱼很贪吃）

图附-59　立体页（2）

（小鱼因为妈妈不让自己吃鱼饵，生气得满地打滚）

图附-60　立体页（3）

（经历危险后小鱼知道贪吃不好，冲进妈妈的怀抱，诉说着自己的惊恐和悔意）

---

① 万丽霞、钟杰共同创作，指导教师赵海燕。